U0407238

Jungen
brauchen
klare
Ansagen

男孩需要明确的指令

（德）莱因哈德·温特（Reinhard Winter） 著
任 洁 译

 化学工业出版社

·北 京·

Jungen brauchen klare Ansagen by Reinhard Winter
ISBN 978-3-407-86600-4

图书在版编目（CIP）数据

男孩需要明确的指令 / （德）莱因哈德•温特著；任洁译. —北京：化学工业出版社，2020.6（2025.5重印）
ISBN 978-7-122-36631-3

Ⅰ. ①男… Ⅱ. ①莱…②任… Ⅲ. ①男性－家庭教育 Ⅳ. ① G78

中国版本图书馆 CIP 数据核字（2020）第 069327 号

责任编辑：赵玉欣　王新辉　欧阳智　　　装帧设计：尹琳琳
责任校对：王鹏飞

出版发行：化学工业出版社（北京市东城区青年湖南街 13 号　邮政编码 100011）
印　　装：三河市航远印刷有限公司
880mm × 1230mm　1/32　印张 $7^1/_4$　字数 152 千字　2025 年 5 月北京第 1 版第 15 次印刷

购书咨询：010-64518888　　　售后服务：010-64518899
网　　址：http://www.cip.com.cn
凡购买本书，如有缺损质量问题，本社销售中心负责调换。

定　　价：49.80 元

序——我和我的儿子

作为一名心理学博士和心理咨询师，我在养育孩子的观念方面持比较自然的教养方式，基本上按心理学研究和儿童心理成长的规律行事，没有做拔苗催熟的操作。

在养育孩子的过程中，我最大的体会是，专业书上说的那些知识基本上都是真实可用的，那些特质、现象会随着孩子的成长渐次展开。在我写这些文字的时候，我的儿子快满 12 周岁了。他与同龄人相比，算不上早慧。他的成长基本上是按心理规律的“教科书级别”成长的。

他是五月下旬出生的，由于月龄晚，幼儿园、小学，一路走来，在班上的成长成熟一开始常常是比别人慢半拍甚至一拍的。

幼儿园一开始他并不出色，怯怯的，也不太出声，但到了大班，突然赶上来了，最后经过层层“考查”，进入了一个很难考的小学学习。

但进了这个小学，他一年级到三年级的成绩，基本“稳定”在班级倒数三名的位置。他读的是双语学校，那里的小朋友很容易得到各种名目繁多的奖项，他居然是极少数一个奖都拿不到的学生，弄得本来还算心平气和的妈妈在家长会现场都有点挂不住。

不过，到了四年级他开始逆袭。五年级上，他居然经过层层选拔，代表学校参加上海国际学校数学比赛，拿了团体第一名；五年级下，临时决定去英国留学，裸考了五所英国不错的学校，被其中的四所录取。结果他自己选了一个他喜欢的学校，被分进了一个全是学霸的优班，11 足岁不到就一个人在英国全寄宿学习。面对他从来没学习过的法语、拉丁语、希腊语、科技、宗教、英国地理、英国历史等科目，其中他的大多数同学已经学习了几年，而他完全是张白纸，从零开始。他也很放松，不怵竞争，不慌不忙，一年不到，基本适应良好，还拿到了哈罗公学的录取通知书，并正在争取他更喜欢的另一所学校的入学机会。

这一路走来，作为父母，我们最大的感触是要扛得住“虐”，不要太在意和别人比结果。尤其不要时时刻刻与“隔壁的孩子”比较，让孩子能有他自己成长的节奏。

尤其是男孩子。男孩精力相对女孩旺盛，多数爱动不爱静，进入学习状态相对比女孩困难一点。男孩的社会化也比女孩慢。

等我儿子申请去英国读书，我们才特别注意到英国人的男校，中学入学在 13 岁，而女校则是 11 岁就可以了。我儿子现在就读的男校，12 岁以下的男生，学校规定不能用智能手机（限制上网），而且手机平时是由老师保管的，每天只有指定的电话时间才能使用。而和他同龄也在英国一所很不错的女校读书的朋友家的女儿，就可以使用智能手机，而且是自己保管。学校的这些做法应该是考虑到男孩和女孩在成长发展过程中的差异，进行了特别的设计。女孩更顺服听话，容易完成社会化，而男孩更懵懂莽撞，相对幼稚晚熟。

台湾著名的心理学教授洪兰在一次 TED 演讲中很生动地描述了男孩子在小学和女孩子竞争处于不利地位的场景：男孩子和女孩子吵架，女孩子会跑去向老师告状，说得一五一十，老师叫来男生问他情况，男生大多数笨嘴拙舌，说不出个所以然来。搞得许多老师就此认为是男孩子的错给男孩批评甚至处罚。我儿子在小学也常常被女孩子“欺负”：他有个聪明伶俐又漂亮的邻座，却是他唯一搞不好关系的同学，一度搞得双双要到老师那里说不要和对方在一个学习小组学习。他平时待人还是比较宽厚包容的，我问了他很久为什么他会和对方“交恶”，他一开始不肯说，后来有一次终于告诉了我原因：一方面是那个女生比较“霸道”；另一方面，她有一次和他最好的朋友吵架，他说他当然要站在他的好朋友这一边。朋友的“敌人”也是他的“敌人”。这是典型的“直男”思维啊。不过，少年的纯真情谊也着实让我感动了一把。

我儿子的行为在同龄人中属于“偏幼稚”的。记得儿子四年级时，有一次和同学上洗手间，他突发奇想恶作剧，把通马桶的刷子扔到了旁边隔间另一个同学的身上，被学校扣了纪律分。不过，学校和老师并没有给他贴什么道德标签，只是说男孩子不懂事，玩高兴了没分寸。而我们则亡羊补牢，让儿子认识到行为是有边界的，即使是游戏玩闹也得有分寸。

有一阵子我夫人对孩子表现不满，让我去“管管”他。我觉得自己平时工作忙，对孩子的教育之前介入少，没好好帮忙，这种时刻挺身而出是必需的，所以我就冲出去“管教”孩子唱白脸。不多久，儿子和我的关系就弄僵了。发现了这一点，我就去和夫人说：“你对他有要求，为什么让我去批评责骂他？”夫人回答说：“我要做好妈妈啊……”“可是我觉得儿子总体挺好的，我对他挺满意的。我也要做好爸爸呢。所以，以后你感到不满意，你自己管。”做了这样的区分，我越看儿子越满意。平时我会摸着他的头发，心里充满爱意。没多久，我夫人告诉我，有一天儿子对她说：“我知道，爸爸是很爱我的。”

父亲角色，在生活中常常是很忙的，但是如果陪伴孩子的品质好，时间长短也不一定是问题。从儿童发展心理学角度来看，四五岁之后，父亲角色在养育中的介入就越来越重要，对男孩女孩都是这样。而对男孩来说，这时有强有力的父亲角色参与养育，给男孩提供榜样学习、模仿学习的机会，这对于男孩学习男性角色行为、建立男性角色意识，都是非常重要的。

当代中国家庭，男主外女主内的家庭分工方式，往往让孩子在成长的过程中父亲角色缺失。如果父母在教育观念上有矛盾或夫妻关系不好，父亲缺失得会更厉害，对孩子的成长会更不利。这种情况必须得以重视。

经常有妈妈来咨询，让我指导男孩的教育方法，推荐书籍。其实爸爸也是需要一起学习的。这次看到化学工业出版社能出版这两本养育男孩的书籍真的很高兴。这两本书专业实用又通俗易懂，非常适合家有男孩的父母共读。如果在学龄前和小学时打下良好的基础，家长们就不需要在青春期面对男生们的巨大力量而试图施加影响去改变他们了。在那个逆反强烈的成长时期展开矫正教育，实在是容易事倍功半甚至无效。

反正我自己教育儿子是靠了按图索骥的专业学习和专业知识。各位读者和家长要不要也试一试呢?

心理学博士

注册心理师 / 督导师

华东师范大学青少年心理健康教育研究与培训中心总监

序——男孩难养

我上高中的时候，和同学及他的小女朋友聊天。突然被他女朋友问起，将来希望自己的孩子是男孩儿还是女孩儿。要是今天，我一定知道那个女生为什么会问这个问题。可惜那时，我还没有女朋友，也没有人问过我这个问题，有点猝不及防。于是就本能地反应说，我想要女儿。她又问我，为什么呢？我说，希望看到一个女孩儿从小长到大的样子。她说，你好温柔啊，一定是个好爸爸。我还记得，那一天的阳光很好。

11年后，我太太怀孕时，种种产前迹象都表明会生个男孩儿，甚至连男孩儿的名字都取好了。结果生出来的却是个女孩儿。我是发自内心欢喜的，因为这应了我11年前的愿。又20年，现在看到女儿长大了，也是满心喜欢，不改初心。只是每每忆起，觉得孩子在不知不觉中好像一下子就长大了，仓促中，还是错过了女儿成长的一些瞬间。为此，向女儿道歉了好几次。女儿很大度，我自己却很内疚。现在走到哪里都絮絮叨叨地跟人家说，多陪陪孩子吧，再不陪孩子就长大了，做父母是有时限的。

不管怎样，这辈子没操过养男孩的心，真是侥幸，因为，斯世，男孩难养。

很多父母老是觉得穷养儿、富养女，女孩儿操心，男孩儿好养，其实，那是老皇历了。

过去，生个儿子，短打扮，穿衣服省布料；上山干活儿下地早，成为父母的好帮手；满山遍野随便撒欢儿，不怕被野猪拱了，还没准儿打点儿野味回来；长大娶了媳妇就可以添丁进口，多了劳力、续了香火；养儿防老，只要有个孝顺儿子，就可以安享晚年。你看，过去生儿子就是好。

可是现在，发令枪响得早，而男孩儿发育比女孩儿要晚上 1 ~ 2 年，心智成熟慢，这一上来就容易输在起跑线上了。到了学校，都是认真听讲、走廊肃静、不许喧哗、禁止打闹的校规校纪，简直就是针对着男孩儿优势来绞杀的，想做个安安静静的美男子又有可能成为“妈宝男”。青春期延长了，辜酮可一点儿都没被稀释掉，就是叛逆，就是作，在男孩身边，到处都能嗅到危险的味道。电子游戏，明摆着就是专门为男孩子量身定制的，团伙儿、攻击性、英雄使命，哪个不是直击男孩心灵之作？好不容易长大了，到了恋爱时，发现劈腿率爆表；到了结婚时，发现离婚率爆高，而婚恋失败自杀的也是男多女少；不婚的、不育的、啃老的，关关都得过。这个时代，就是养男孩操心费力的时代。

最近在疫情中的三个月，我们微笑主义公益心理案例平台讲评督导的案例也有上百个了，凡是涉及亲子关系问题的，七成是儿子，三成是女儿。站在心理咨询师的角度，女儿的事儿，只要父母不硬搞，退一步，不把女儿搞出抑郁症来，基本上就万事大吉了。而儿子的事儿，就完全是两个样子了。游戏成瘾的、偷钱借贷的、居家啃老的、孤独自闭的、离家出走的、施暴父母的，家长那颗心啊，操得稀碎呀。

所以，我觉得，在当今这个时代，养男孩是非常有风险的一件事。而减低风险的路只有一条——学习心理学，尤其是发展心理学、教育心理学，多听听专家建议，多借鉴下相关亲子案例中的经验和教训。

而德国心理学家莱因哈德·温特的《男孩为何难养》和《男孩需要明确的指令》这两本书可以说是当今中国家庭的及时雨。所以，我一拿到样书就通读了一遍，而且在书中用荧光笔做了很多标记以便于重读，并且在微笑主义公益心理案例平台上提前进行了预告，引得好多学员纷纷要求跟我预订这两本书。可惜，我不是卖书的，只是希望学员们能够有机会读到，有机会运用到，就有机会帮到更多的男孩和更多的男孩家庭。要知道，我们公益心理服务的使命就是要帮到4亿个家庭呢。

这两本书最大的特点就是接地气。看完才发现，德国男孩家长的烦恼和中国家长差不多，都是男孩学习成绩比女孩差、攻击性比女孩强、情商不在线、不听父母话、上网聊天、打游戏、注意力不集中、晚睡晚起还有起床气，唉，看来，到哪里都逃不过时代的影响，这届男孩的家长，够受的。

是不是这批“后浪”自带突变基因啊？其实不是，今天的孩子一定比昨天的孩子优秀多了，只是今天面对的时代不一样了，我们都在适应和调整。孩子第一次做孩子，家长也第一次做父母。别怨孩子出生时没带产品说明书，你造孩子的时候也没拿父母学校的毕业证啊。

孩子在成长，你也得学习，学点能让男孩成长、也能让自己变得更好的东西。心理学研究表明：你盯不盯孩子写作业，对孩子学业成绩影响不大。但是如果你每天在家读书的时间超过30分钟，那将是最影响孩子学习成绩的助推因素。

这两本书就是助推力。比如说《男孩为何难养》中提到了父母养育男孩的10条行动指南：1. 不要轻易给男孩贴标签；2. 先弄清自己对男孩的认识；3. 给男孩足够的陪伴时间；4. 和男孩一起做事情；5. 对男孩和他的兴趣爱好保持兴趣；6. 为男孩提供竞争的舞台；7. 为男孩设立边界并保持联结；8. 充分发现男孩的能力；9. 给男孩布置任务；10. 觉察男孩的主题并支持他。每条都有详解。怎么样？惊喜不惊喜？意外不意外？实用不实用？

当然，养育好男孩的关键不在于心理学的技术，更在于对时代的看见、对男孩儿的看见、对作为男孩儿父母的自己的看见。

还是回到我们的口号吧：见天地，见众生，见自己！看见自己，用心微笑！

贺岭峰
上海体育学院心理学院教授、博导
微笑主义创始人

前言

经常有男孩家长问我：“男孩真的需要从父母那里得到一些不同于女孩的东西吗？”我想是的。女孩的家长都知道，养育女孩尤其是青春期女孩，肯定也是需要明确的指令的。但对女孩来说，指令的有效期时间通常比较长，而且家长对女孩的限制往往比较多，给予的保护也比较多，对多数女孩来说，给予照顾就好了；而对于男孩来说，光照顾好是远远不够的，男孩格外需要父母明确的指令来引领。

如果你感受到养育男孩的道路荆棘满布、充满挑战的话，那么方向就显得至关重要了。

为了避免造成误解，有必要将本书的思想与专制独裁的教育理念区别开来。本书强调领导力的积极面、关系中的明确清晰，关乎感同身受、充满爱的关注、认可、信任以及双方的责任，而不是纪律、压力、训练、强迫、征服、压制、行使权力或对儿童进行训练，更不是去理想化过时的教育形式。

此外，明确的指令并非一定要伴随着过高的要求。做出明确的指令，同时要与孩子保持亲密。因此，父母应该把与孩子和其他家人处好关系作为关注点。与男孩建立良好关系需要冷静、安静、关注和放松，男孩正是从成年人身上学习如何渡过压力阶段的。

一项最新的研究表明，社会对于男孩的期待依然非常传统：男孩应该扛得住各种质疑，一个软弱的人不是一个真正的男人；男孩不应该表露出诸如恐惧或是羞耻感之类的情绪等。男孩们可能会觉得这是无稽之谈，但是他们必须要去承受这种压力，承受这种矛盾感，这对于儿童和青少年而言并不是一项简单的任务。

不仅如此，最近几年男孩的生活世界再次发生了变化，而且这种变化还在持续。新的身体形象期待变得越来越明显，这会给男孩带来压力并有可能激怒父母；飞速发展的“身体膜拜”和对身体尽善尽美的想法都需要男孩父母秉持一种明确的态度；媒体的使用也发生着日新月异的变化，每当新游戏问世或手机变得更智能高效的时候，整个家庭的情绪就会受到影响；社交软件正在改变年轻一代人与人之间的关系，在带来快乐的同时，也会影响到他们的人际行为和对人际关系的兴趣，风险也接踵而至；最后也很重要的一点是，男孩们在互联网上不费吹灰之力就可以免费获取色情信息，父母也需要在这个敏感区域找到自己的一席之地来引领男孩。

这些父母一直为之努力却一直搞不清楚应该怎么做的问题和主题，本书进行了全面介绍。遗憾的是，在男孩的教养中没有绝对的真理。每个男孩、父母及生活情境都大相径庭，我无法确切地告诉你如何在家庭中塑造一个引领的角色，怎样和男孩以一种明确的方式相处。领导力以何种强度才能最大程度地发挥作用也是很难说的，你需要自己去发现。在这本书中，我会提供一些建议，哪些适合你，哪些经验和想法可以为你所用，决定权在你。

好在男孩发出了他们的需求信号，父母可以见招拆招。

莱因哈德 · 温特

目录

第 4 章

明确的指令助力男孩提升学业成绩 063

第 5 章 家庭冲突高发地带的明确引领 091

第 6 章 青春期男孩如何引领 107

第1章

Jungen brauchen klare Ansagen

男孩需要明确的指令

怎样才能更好地和男孩子们相处呢？很多家长认为这不是问题。但是多年来的经验却一再证明：与男孩相处其实一点都不容易！许多男孩会表现得无礼、不遵守规矩或是破坏约定，对于父母交给他们的任务要么置之不理，要么半途而废；或者出现一些叛逆的情况；或是把整个氛围搞得非常紧张，令父母一筹莫展。这种情况时有发生，有一些在孩子还很小的时候就会出现，还有一些发生在孩子上学的时候，再晚一些的就是发生在青春期。这些隐患和威胁渗透到每天的生活中，有些是从根本上出的问题，不是轻而易举就可以解决的。

近三年来，随着我与男孩、家长以及老师的工作接触越来越频繁，我对这个话题也越来越感兴趣。父母或老师总是会和我谈到与男孩相关的冲突和困难，并希望能从我这里找到解决方案。遗憾的是，男孩问题的原因五花八门，并不存在一个诸如知道“如何去做”然后就会达到立竿见影的效果的策略。但是我发现，造成这种困难很大的一部分原因是，**男孩其实是需要一个可以力挺他们并给他们指引方向，但是同时又可以给他们足够空间的、能够给予明确指令且具有领导力的成年人。**但是许多家长无法去贯彻执行这种明确的指令。

男孩们生来就天赋异禀，他们所需要的就是把这些能力呈现出来。只是他们尚且缺乏经验和知识。因此，他们需要学识渊博并能够将他们的知识和能力结合起来的成年人的引领；需要通过明确的指令来在生活中引领他们的人。在发展过程中，男孩自己会越来越多地承担起这种“领导力”。男孩的自我调节、能动性、掌控的能力都会越来越强。直到有一天，他们不再需要父母的引领。但是要想做到这一点，他们一定需要一个可以给出明确指令、与他们关系亲密的，同时又具有领导力的父母陪伴他们成长。

男孩比女孩更需要父母的引领

原则上来讲，明确的引领适用于所有儿童。所有的孩子在关系中都需要一种清晰的、明确的、以价值为导向的态度，对女孩来说也是如此。那么，为什么男孩更需要明确的引领？男孩需要怎样的引领？

与女孩相比，男孩在健康方面的风险比较大，他们往往会作为受害者或是施暴者来参与暴力行为，或者他们会在电脑屏幕前浪费掉大量的时间。这种现象在学校非常明显：男孩子的平均阅读能力要弱于女生；在校学习时的注意力也比女生差；在考试和取得证书方面的表现也较女生差；他们会经常乱动、扰乱课堂秩序或是表现得肆无忌惮；毕业成绩普遍会比较差或者有些是勉强毕业，而且毕不了业的男生要多于女生。

以上男孩问题大家早已司空见惯，但是各种扼腕叹息和横加指责对男孩来说是无济于事的。诸如“男孩需要一个男老师，然后一切都会好起来”“男孩需要更多的纪律，更多的操练、驯养和规矩，才能在正确的轨道上前行”等建议也是未经检验的。

当男孩有缺点或是出现问题的时候，我们不应先从他们身上找原因。许多男孩难搞的责任在于其周围以及塑造他们现实的成年人。成年人在政治、媒体和商业市场上引领着男孩的走向。消费压力和决策限制、无处不在的媒体、社会施与男性在成功和能力方面的压力，再到全球化焦虑导致的不得已的“教育优化”，所有这些都增加了男孩对确立方向的需求。在可能的情况下，男孩的父母应该试着放松下来，并且去调整战略方向。诚然，这是一项艰巨的任务。

在小学二年级末的时候，汤姆忽然不想去上学了。他每天都会因为作业的事情和父母吵架，周末也会因为学校的事而影响情绪。整个家庭的氛围有些让人窒息。父母都是成绩至上的，他们觉得汤姆无论如何都要上高中。“他就是不想学习，我们怎样做他就可以努力学习了呢？”他们问我。

我强烈建议他们不要再给汤姆施加压力，或者干脆给他减轻负担，让他就那样简单地做个小男孩，这样他可以找到自己的兴趣所在，父母也可以更加平静、放松地和他相处。最后，他们开诚布公地和汤姆承认了他们的错误，并向汤姆道歉：“对不起，我们没有站在你的角度为你考虑。现在我们努力对你多一些耐心。”

这种情况屡见不鲜。这就好像工作中业绩压力的增加，我们对孩子（尤其是对男孩）的要求也逐渐高了起来。因为他们被成年人看作是社会的未来——主要贡献者、劳动力，同时还是一个养家糊口的人。任何与之不相匹配的迹象都会让人觉得有问题。矛盾的是，女生在没有这种压力的情况下，在学校的平均成绩似乎更好(女孩或者也有压力，或者是自己给自己的压力)。

马蒂斯现在正好处于青春期，他在学校的状况很糟糕，父母也觉得很难和他沟通，所以他的母亲让我和他谈谈。我问他现在究竟有什么问题。他说没什么问题，觉得一切都挺好的。然后他就跟我表明了他的态度：他不想再学习了，他烦透了学校。“对我父母来说，现在最重要的事就是我好好学习！他们总是催促我，因为学校的事情和我剑拔弩张的。只有我取得好成绩他们才会高兴。这一切就好像是他们处于上风或是站在真理的那边。我不喜欢他们这样，所以我不会按他们的想法来。当我成为一个好学生的时候，我就觉得自己在他们面前是个失败者。因此，我宁愿选择另一个极端——在学校表现很差，但是我自己觉得很好。”

把对成绩和男性成功的执念强行施加给男孩常常会适得其反。单单以成绩为导向的父母常常会诱发男孩健康的叛逆行为——成绩好不是成为成功男士的一个先决条件。在商业中，领导者会想方设法地让劳动力发挥到极致，在关系中，好的引领需要完全不同的价值观作为基础。

做到这三点，给男孩最好的引领

第一点：父母要有领导力

众所周知，“领导力”这个词更多地被应用在商业中，但很多父母不知道的是，养育男孩同样需要领导力。一位（单亲）妈妈告诉我她是这么向 13 岁的儿子解释他们的关系的：“小心点，在你 18 岁之前我都是你的老板，即时生效。”

第二点：父母要使用明确的指令

“明确”这个词包含两个重要的方面：首先是信息的直接、清晰、可理解，其次是信息的有效传递和抵达。为了对我们的男孩有更好的领导力，父母自己先要有明确的立场。一位母亲在接受采访的时候说：“我喜欢和儿子有一个明确的关系。”明确的关系意味着：父母有一个明确的立场并且能够把立场用清晰的语言传递给孩子。

---

35 岁的碧阿特和乔纳斯向我寻求建议：他们七岁的儿子尼克拉斯每次吃饭总会让全家人很头疼。他不停地说话，做各种滑稽可笑的动作，并寻求所有人的关注。当他没有如愿的时候，一场大戏

就会上演。现在一吃饭他们就心惊胆战的。他们能做些什么呢?

提起他们如此有主见、活泼、调皮又强大的尼克拉斯，他们哭笑不得。在这种爱恨交织的情绪里他们有些迷茫，从而交出了引领权。在我们交谈后，他们决定重新找回自己的角色，不再被孩子牵着鼻子走。他们同意齐心协力、并肩作战朝这个方向努力，并相互支持。几天之后我再次见到他们的时候，一切都搞定了：尼克拉斯渐渐好了，吃饭的时候也不再那么闹腾了。

父母是孩子生命中的第一段关系。男孩从父母身上学习，在和父母的关系中成长。如果孩子成长过程中出现一些不尽如人意的部分，请不要责备自己的孩子，父母要自己先去承担责任。

在这段关系中，真正最重要的能量是父母对孩子的爱，父母的爱是男孩成长不可或缺的营养基。没有这份爱，男孩就没有办法健康成长。但是有时候，父母似乎很难坚守作为父母的位置和角色。他们或者苛求孩子去做出他们尚不能应付的决定；或者出于对爱的误解，纵容孩子无视边界。这里缺失的到底是什么呢？我们很愿意相信，明确的态度和引领就和爱一样自然而然地存在着。但是在很多情况下并非如此：父母只有“行动”，没有“引领”。特别是今天，该采用何种明确的形式以及怎样才能呈现一个稳定的父母形象？对此很多父母有着极大的不确定感。

明确的指令和良好的引领是可以学习的——这本书前言中提到的最重要的一个问题也是：男孩需要怎样的引领？有力量且充满爱的引领是怎样的？

第三点：父母要成为“好的权威”

和引领相关的另一个关键词是权威。许多人听到权威这个词，犹如听到刺耳的警钟长鸣，大脑中会不自觉地出现下面这些联想——纪律、压力、操练、力量，简而言之就是权威行为。但是事实恰恰与之相反，对于权威积极的理解（即教养中的关系和引领）是必要且有用的。对于积极的权威，贾斯伯·尤尔使用“人格权威”这个术语，而沃尔夫冈·伯格曼使用的是“好的权威”。

在一个采访中，一位父亲说：“对我来说权威和独裁是完全不同的。作为一个受人尊重、可以被人仰视的人，我可以积极地去使用权威。”我会这样和别人说：“这是一个权威人士，因为我觉得他是一个受人敬重的人；人们会重视他所说的每一句话，他的话起到榜样的作用。”因此，成为一个“好的权威”的能力对父母来说非常重要。

在早些时候，当权威人士感到被攻击以及感到不被尊重时，权力和暴力就会彰显出其力量，有时候这甚至会切断孩子和父母的关系。不幸的是，这种模式今天仍然存在着，尽管已经少之又少，一些苛刻的父母对男孩的暴力是女孩的两倍。但这根本不是恒久有效的对策。当遇到冲突和危机的时候，规则就很难被遵守了，这时候男孩们真正需要的是更明确的指令、更多的亲密和在场、更多的尊重！所有这些都可以更好地帮助我们去避免那些在以前的教养中屡见不鲜的暴力，尤其是对男孩子。无论如何，现代家长已经认识到暴力不能作为一种教育手段，而充满爱的引领才是一种更良性的、更人性化的教育选择。

如何成为有领导力的父母

领导力既不是天生的，也不是在某个时期就从天而降的。用心的人可以去观察领导力并将其作为一个过程来认识和解读，也就是说，领导力是能够被有意识地学习和建立的。它需要被建立、被证明、被采纳，而且还要使所有参与者都受益。更确切地说，它在亲子关系中起着积极的作用。引领发生在日常生活和接触中，但是它究竟是怎么产生的呢？我应该怎么做以及如何向我的儿子展示领导力呢？家长们至今还在带着这些问题孤独地摸索着。以前，当父母感到自己的地位受到威胁的时候，很快就会变得暴怒、独裁和暴力，直到今天，依然还有很多父母因为没有感受到足够的尊重而动手打自己的儿子。显然，这是一种不成熟的反应，我们绝不能允许这种情况再次发生。

引领以及维系引领是父母的任务，他们有责任去承担。另外，他们也要注意把儿子作为自己引领的同伴，因为，引领具有“可挥发”的特征，它是通过授予获得的，也是可以再次失去的。父母独裁、暴力的行为以及其他对男孩不尊重的行为或者自控力的丧失，比如说脏话、撒谎、表现得不够正直等都会影响父母对孩子的引领。即使是那些红着脸冲他们的孩子大吼大叫的人也会失去很多——面子、引领、自我控制力，最糟糕的是他们失去了和自己儿子的良好关系。引领一旦丧失，就必须要付出更多才可以重新让它回到正轨：道歉，重建信任，并通过实际行动来证明你也可以有不一样的表现。切记：**拥有领导力不代表一定要独裁，独裁会使你迅速失去领导力。**

当父母在场，当引领是明确、可识别的，男孩也不会因自我怀疑而受到困扰的时候，他们就可以从这样的模式中自然而然地学习。然后他们就可以自然而然地发展出作为人格潜能和人格特征的个人领导力，并将其整合到自己的关系中。父母榜样的作用也很大。当男孩观察他们的父母时，他们也可以间接地学习，比如当男孩看到他们的父母是如何和兄弟姐妹、供应商以及客户相处的时候，当他们目睹这种领导力在公共场合下发挥作用的时候。当然，男孩在这个过程中有时候有可能会学到一些负面的东西，比如傲慢、贬低、权力的不当使用。

在与男孩的相处中，父母可以大有所为。父母如何为人处世、如何看待他们的儿子、如何支持他们以及他们给自己的儿子提供了些什么，这些都是父母展现领导力的重要方面。通常，只是微小的变化就可以直接促进亲子间的亲密和信任，并可以对男孩们产生很大的影响。

因为每个男孩都不同，他们所处的生活情景大相径庭，因此引领总是有着个性化的部分，每个人都有自己的风格。在我们的一项研究中，面试官问一个男孩："在你的生命中，你觉得最好的权威是怎样的？"这个男孩回答说："嗯，现在我觉得——我能提一下我的家人吗？我可能会说，我的爸爸妈妈，在这点上他们用自己的方式做到了最好！"

然而，除了个体化的引领风格之外还有一些普遍性的元素，它们被不断地更新并被个体化地设计着。对男孩来说，这些普遍性的引领元素是领导力的关键，我想对此进行一些简单的介绍。在本书后面的章节中，我将会对其进行更详细的阐述。

父母的领导力取决于他们的个人态度和他们自己所呈现出的行为。

有领导力的父母是明确和果决的，他们承担起父亲或母亲的责任，为自己和自己内心的明确而奋斗；在他们成为儿子的好引领者之前，必须先要对自己的经历以及自己的领导力是从哪里学来的有所了解；此外，还有一点很重要，即保持真实性和真诚，不要使用那些小伎俩、技巧，或是做表面文章（男孩迟早会发现的）。

有领导力的父母有时候会发现：哦，这个我有！我实际上是明确而果断的，只是目前为止，我还没有专门想过这个而已！这时候他们会大吃一惊。

说到引领，父母的价值观是非常重要的。当父母齐心协力，同时每个人又知道真正重要的是什么，这些将从他们的态度中反映出来。其价值观可以在他们教育男孩时更好地指引方向、促进亲子间的安全感和信任。价值观通常不会发生很快的变化，它也不是某个具体的目标，它更像是一个方向或是路标。当父母身体力行地去体现他们的价值观的时候，男孩也会找到自己的方向。前提是，父母自己要坚持自己的价值观，这样父母才是真诚的、可靠的、真实的。

身体的舒适和健康对于米里亚姆和他的儿子来说都很重要。她试图要将这个传递给她的儿子，因此她非常关注有营养价值的食物；她享受美味的食物，当食物给他们带来良好的感觉时，她会觉得很开心。

在亲密中、在接触中，引领也可以作为一种关系。当我观察一些好的引领型的父母时，我通常会关注他们和儿子在一起的互动：这是他们和儿子之间的联结，也代表着他们的在场，真的在那里，它呈现的是此时此刻、是他们和男孩的关系。在那个时刻，那些父母是全神贯注的、是清醒的，他们和孩子之间是有联结的。他们发出这样的信号：“我对你很感兴趣。”“我也会为你负责，我不会丢下你不管的。”这就给男孩以及父母与他的关系赋予了意义，并因此增进了信任。

在我们这个时代需要面临持续不断的、多样化的要求，同时在这个多媒体无孔不入且使我们注意力涣散的情况下，在场通常是需要被练习的。米歇尔和安东尼是三个孩子的父母，遗憾的是，他们一直忙于工作，到现在为止都没有真正地“在场”过。我建议他们每个人都抽出一个空当，在这个时间里去明确地、真正地和他们的儿子待在一起。有的家长下意识地选择一次又一次地“停”下来说：“我现在决定和你在一起，其他一切都不重要了。”

语言传递出的不仅仅是语言信息，还是一种关系的表达。父母通过单词和句子，也通过肢体语言向他们的儿子传递着：“你好，我来引领你。”男孩应该能够理解成年人的这种信息，这意味着父母不仅要用容易理解的句子、清晰的词语、开放的信息，还要有真诚的态度。如果父母的信息被男孩明确地接收到的话，那就不必要再煞费苦心了。但是如果沟通被卡顿在那里，我就会建议家长们去关注一下自己的肢体语言，或者可以调试一下肢体语言。站在孩子的角度再思考一下自己所说的话：他能明白我想要表达的吗？领导型父母会有重音，会有停顿，这样男孩子的大脑就可以跟随并进行思考。直接说出你们想要的，这就是明确的指令。

米歇尔是一个非常温柔而且身体有些孱弱的男人。他的爸爸家长作风很严重又很易怒，所以米歇尔从来都不想和他待在一起。他却无法避免和11岁的儿子尼科发生冲突。米歇尔觉得尼科越来越不把他当回事。此时，我们用一种适合米歇尔的语言进行工作：首先去调整米歇尔的内心以及身体的状态，深呼吸，看着尼科，然后告诉他生气的原因以及他想让他怎么做。

领导者会很好地安排他们的时间。一个努力的、稳定的、具有领导力的男孩家长能认真对待自己的领导者角色，在儿子需要的时候有意识地、慷慨地将时间提供给他。而家长焦头烂额的状态会影响引领。当与男孩发生冲突的时候，比如男孩不守规则或是不完成作业的时候，许多家长都会觉得压力山大，认为他们必须要立刻做出反应。这反倒会导致短路。在这种棘手的情况下，我们最好能够慢下来去处理，或者说是以慢动作的方式做出反应。这样会使你以及你的孩子进入到另一种状态中。同时，耐心和毅力也是表达引领的一种方式。引领型的父母知道他总归会学会的，并耐心地等待着。

在一个培训上，一个父亲和我说："这么多年了，我还是必须要去和我儿子说'去把洗碗机里的餐具拿出来'，开始的时候他总是哼哼唧唧并大发牢骚。忽然某个时候他说'好的，我来做'，然后就去做了。我根本无法相信，现在他会自己看到需要做些什么——就径直跑去把洗碗机腾空了。多么幸福的感觉啊，所有的耐心终于有了回报。"

在一个家庭中，所有的家庭成员都是平等的，尊重是对平等的认可。当一个男孩感到被尊重，他就会更容易和父母很好地相处，也更容易去关注其他人。尊重你的儿子首先意味着要认真对待他，去看到他、感知他的需要，关注他并去接纳他的独特性。对男孩尊重的态度会使他们看到他们自己的美好、他们原来是怎么样的，又有了哪些进步。秉持着尊重的态度，父母会相信孩子，并将这种信任传递给孩子。

我总是喜欢那种父母和儿子可以平等交流的例子，例如有的父母会在和儿子聊天的时候蹲下，以保持两人在同一高度。这彰显了尊重，突出了领导力。就这么简单！

人和人在一起生活总是需要协议和规则的。成年人清楚哪些规则是约定俗成的，以及哪些是适用的。因此他们要支持男孩们去学习这些。首先要逐渐地强化这些规则，直至它在男孩的记忆中生根发芽，这是需要时间的，父母的领导力也体现在父母是怎么对待规则的、他们是如何处理的或者是如何进行协商的，以及当一个协议被遵守的时候他们的反应是什么；最后，当规则被违反的时候，就是领导力该发挥作用的时候了。没有必要大惊小怪，在很多情况下规则被违背都不难解决，男孩子会注意到自己哪些地方做错了，因此没有必要一开始就大动干戈或是去惩罚他们。规则是管理的工具，而不是目的本身。在引领中必须要有规则，但是也必须要有一个健康的举措。男孩子们从不停地重复中学习许多规则，例如："晚饭后请帮忙收拾一下桌子，然后你就可以去操场玩了。"

通常情况下，重复规则或使用幽默的方式，以及适当表达愤怒有助于规则的贯彻实施。有时当父母去干预男孩迷恋的东西时，男孩也可以从中学到规则，比如："你今天还没有在规定的时间关掉电视？那么明天就不要看电视了。"

作为引领者的父母受到挑战也很常见。目前有两种冲突可以很快地点燃双方的情绪："学校"和"媒体"。稍后我会单独在后面的章节中来介绍这两个主题。男孩需要良好的引领以及明确的指令，当然，还有其他健康的生活领域（营养、活动、运动）。在业余时间，男孩可以学一些乐器或是参加一些主题非常丰富的团体活动。此外，在日常生活中还有许多焦点：从厕所的使用到打扫卫生再到共同进餐，性行为还有酗酒体验。在“家庭生活的焦点”之下你将会找到多个年轻父母耳熟能详又不断被挑战的主题，这些主题时常会让你面露难色，但也是最需要你的领导力的主题。

但要注意的是：**领导力不是万金油，它也有其局限性**。因为它无法替代其他需求。父母的爱与平静、人格和自信是无法单靠引领来表达出来的。领导力无法取代身体的接触、身体上的关注和温柔。一个生活在贫穷中的男孩，能帮到他的不是更多的引领，而是切实去改变他所处的经济状况。如果一个男孩的父母整日吵个不停，或是父母离异，这对男孩来说是一场生命危机，在这种情况下单靠引领也是无济于事的，男孩需要的是支持。一个对未来没有愿景、没有信心的男孩，引领对他来说是杯水车薪。还有，领导力对于被排斥的男孩也是帮不到什么忙的，他需要的是保护和归属感。所以，领导力不是万能的，但是没有领导力是万万不能的。

大多数情况下，男孩需要一个良好的、人格权威的引领，这也是个人发展的必要条件。但有的时候这又是行不通的。在我们生活中有时候会遇到一些男孩，他们真的很难和这个世界相处。在这种情况下，父母可以竭尽所能地去做各种好的和正确的尝试，如果男孩对此无动于衷的话，那么对于双方来说都是收效甚微的。在这里，使用更多的权威很可能会适得其反。

父母引领中的常见困惑

男孩需要方向感和明确的指令，否则他们无法更好地发展，因此他们需要父母的引领。有些家长或许对此已有所了解，但很多家长仍半信半疑。不仅父母之间差异很大，而且男孩之间也千差万别。对有些男孩来说，一点点引领就已经绰绰有余；对另一些男孩来说，某些细致入微的关心、小的建议或是充满共情的回馈就可以有所帮助；还有一些男孩则需要一次又一次的、持续给予的明确的指令，更确切地说，他们需要一个与众不同的、稳定持久的引领；当然，也有男孩时不时地挑衅父母的引领，但是其他时候他们还是非常配合的。有些男孩需要更多的亲密，而有些男孩对亲密的需求量比较少。尽管一母所生，兄弟姐妹之间也存在着很大的差异。

如果家里有多个男孩的话，那么父母就需要更多的灵活性了：对待家中的老二和老大也是不一样的。老大通常更勇敢，因为他受到父母更谨慎的引领。对待老二，父母就会冷静一些，不那么焦虑，也会更宽容。当然，在性格上男孩也各有千秋：有的快一些，有的慢一些，有的暴躁，有的安静，有的叛逆，有的温和等。而且就算是同一个男孩也不总是一成不变的，变化和波动是正常的。随着男孩年龄的增长，他们对引领和明确的需求也发生着变化，这就需要父母根据实际情况对引领的程度进行调节。这对父母来说，实在是一个不小的挑战！

在生活中对男孩进行有意识或无意识的引领并不复杂。至少在很多成年人看来，尽可能地向男孩下达明确的指令并非难事。但对许多父母来说，成为领导者却没那么容易。男孩成长面临的问题纷繁复杂，父母应该秉持怎样的态度以及扮演怎样的角色，似乎没有那么容易选择。

近年来，一方面，我经常访谈父母以及男孩，另一方面我经常去学校，和老师以及男孩一起工作。在与男孩、父母、教育专家一起工作的过程中，我总是会遇到一些形形色色的问题，原因也各不相同。乍一看，会觉得这些男孩行为有问题而且不可理喻。这就是为什么必须要用专业的眼光去看待他们，我们似乎对他们有着许多与年龄不相符的要求。只有当人们提出“为什么男孩会变成这样？”这个问题的时候，根本原因才会浮出水面。

- 成年人缺乏对自己父母角色的自信，这导致他们的教育者角色也是缺乏稳定性的。他们经常问自己：我该怎么做？我能做些什么？我现在必须要去这么做吗？我应该大声点吗？我也许太强势了？我可以占主导地位或表现得更严厉一些吗？
- 许多父母想在家庭中发挥他们的领导作用，但总是力不从心，因为他们不知道该怎么做。他们没有办法向男孩传递他们知道方向的那种自信和安全感，或者他们在潜意识里拒绝“作为父母”来引领男孩的可行性。
- 值得注意的是，有些把事情做得很好的父母也会这样。他们有意无意地以完全正确的方式做着，但是他们仍然不断地问自己：“也许我对孩子太严格了，他是不是需要多一点的自由？我是不是太不宽容了，我是否得把边界定得再宽一些？我儿子的发展到底对不对？作为父亲或母亲，我能变得更完美吗？”

一位父亲说："有时候我太严格了，我无法再忍受自己。每当那时候，我都会对菲利普感到抱歉，我觉得我必须表现得更包容、更柔和。但是后来，他愈演愈烈，我实在受不了了。我又一次去骂他，对他严令禁止。然后一切前功尽弃。"

在这种不确定中，父母的反应也各不相同。有的在这种严苛中变得更加冷酷，他们变得局限和僵化；他们试图主宰男孩，并在发生冲突时始终保持胜利者的姿态。还有一些父母完全没有立场，软绵绵的，他们避免对男孩提出要求，避免给他们布置任务，避免和他们进行约定或是避免对他们施加限制。他们无论如何也不想去限制或打击他们的儿子。因此，男孩就会为所欲为，而当出现冲突的时候，这些家长就觉得自己是失败者，经常苦不堪言。第三种父母，可能是大多数，他们摇摆不定，有时候严厉，有时候宽容，这就使得男孩感到很困惑，不知道什么时候踩了红线，也不知道什么时候就从一个极端到了另一个极端。

米歇尔和布里吉特将他们对待两个儿子的家庭角色分配了一下：米歇尔负责规则和边界，布里吉特负责照顾和理解的部分。米歇尔不喜欢这样，他一直感觉他攥了一手烂牌，当出现问题的时候，他还必须要硬着头皮上，然后男孩就会大发雷霆；布里吉特扮演那个好的、温文尔雅的角色。然后两个人就在协商之下交换了角色：每周有一天，父亲秉持着一种"无所谓"的态度。他很宽容，所有

男孩想要做的，他都允许。而这时母亲以各种方式确保规则和边界的恪守。

经常让男孩感到困惑不已的是这种情况：父母大部分时候是以夫妇的形式处理问题的，但是又是两个人。有的时候父母会分担引领的责任，大部分情况下会是“严父慈母”——这是一种经典的分工，在传统的父母关系中这种情况更为常见。但是同时也存在着其他的分工形式，特别是在父母分手的情况下，可能会出现另一番景象：母亲在日常生活中就会对规则和信任的方面关注得多一些，因为父亲可能只是在周末或是节假日的时候才来看望男孩，所以他们经常会对男孩有求必应或是失去边界。

让男孩不胜负荷的一种极具杀伤力的组合是一对截然相反的父母：一个极其严厉的父亲和一个过度宽松的母亲，或者还有种不怎么常见的组合，即一个过度纵容的父亲和一个极为严格的母亲。这种两极分化会使男孩陷入忠诚的冲突中，他们认为男孩必须要在矛盾的双方中选择一方、放弃一方，但是对于成长来说，父母双方的引领都是非常必要的。

父母从根本上对自己态度的不确定对男孩来说是致命的：父母缺乏安全感的男孩很难找到自己的支点。他们被独自丢在与年龄不相匹配的不安全感中，很难发展出自身的稳定性。应对周遭模糊不清的状况让他们精疲力竭。对于大部分男孩来说，这种不安全感会阻碍他们成熟或加剧自己的内部矛盾。他们会在想要被照顾的阶段处于一种“寄生”的状态，妄自尊大，或是将自己困在一种以自我为中心的状态中。

那么接下来在学校出现的问题就绝非偶然了。在学校，男孩们互相影响，团体动力在游戏中被强化。男孩们不会考虑他们真正要寻找的是什么——真正的支持、方向感、安全感，他们也无法去形成他们的观点（在这个年龄也不是必须有这样的能力）。他们问题行为背后的原因经常深藏不露，学校也不能一一去家里做详细的观察。此外，问题也并不总是一目了然。在某些阶段，男孩的表现也可以非常好。但是在特定的条件下，在个别男孩或者团体中某些男孩的影响下，男孩也会出现一些不太好的动力。这取决于班级的组成和男孩们之间彼此的互动。另外，如果老师的领导力和家长一样孱弱的话，情况真的会急转直下。

令人惊讶的是，这些现象波及许多家庭，而且出现在所有的社会和教育阶层中。以前人们只是从那些问题家庭中以及他们难搞的男孩那里看到这些问题，例如青少年救助中心以及那些几乎没有什么依恋的男孩。如今，问题已经从外围逐渐逼近，已经波及许多“寻常”的男孩和“寻常”的家庭。以前在学校，一个班也就只有一两个让人头疼的男孩，而现在越来越多的男孩或多或少存在着问题。在青少年阶段，这种“问题”男孩出现得会更加频繁。今天，我们需要去关注各个年龄段的男孩——从两岁一直到青春期晚期。

那么我们岂不是正身处一场灾难之中，是不是真的就毫无希望了？当然不是。我们生活的时代既不是一个没有教育，也不是一个没有纪律，更不是一个男孩普遍拒绝成就的时代。经验表明，让男孩及其父母、教师做好本职工作并非难事，真正缺乏的是在教育丛林中前行的方向，对男孩来说作为一个明确的引领者的那种“说明”和“许可”，以及提供给男孩的明确的领导力。许多家长和其他的教育者恪尽职守，有些甚至做得非常好——我们可以不停地从男孩身上看到这一点，因为他们正在稳定、活泼、自信地成长着。

父母如何在引领中避免权力滥用

每一段养育关系从一开始就是不对等的。与男孩相比，父母无论在年龄、身高、力量，还是在能力、见识、经济实力、生活阅历等方面都处于优势地位。优势地位必然会带来权力，因此父母在对任何年龄段男孩（即使在青春期）的引领中，如何处理权力和影响力都是至关重要的。曾经，孩子们被迫无条件地去屈从于父母的权力，这种状况直接导致孩子或者叛逆，或者出现心理问题，或者通过阳奉阴违回避问题。如今这样专制的父母仍然存在，但是多数父母已经意识到专制导致问题的严重性。相反，我们现在总是反复经历的是父母自己的屈服。父母屈服的原因可能是他们不知道该怎么办或者他们想要回避与儿子的冲突。实际上，被迫地屈从于孩子与放弃父母的权力一样，都是权力滥用。

三岁的卢卡总会把上床睡觉演变成一场闹剧，他的母亲这样描述："我刚把他安顿到床上，还没几分钟，他就又会站到客厅说自己睡不着。这种情况屡次发生，把我们每个人都搞得火冒三丈，最后不是我大喊大叫就是以卢卡大哭一场结束。”在她设身处地为儿子考虑的时候，她感觉到卢卡不睡觉不是因为想要惹他们生气，而是因为他害怕。现在，父母在试着通过更有爱的引领去强化他们的支持：一个较长的、每天如一的睡前仪式，去抚摸他的腿和胸部，同时把那些可爱的毛绒玩具都摆在床边，此外，还要有一个光线柔和的小夜灯。

引领关系是不对等的。对男孩来说，这种不对等的关系给他们带来了安全感、秩序和信任。如果父母把自家小男孩当作平等的伙伴来对待，那么他们一定会不知所措的。即使是青少年阶段的男孩也很难去做出决定，因为他们缺乏通观全局的视野。或者，他们已经适应了快乐满足的模式，而不是去关注自己的健康。无论如何，他们需要引领来平衡这种缺失。

在引领中，成年人的优越感是主要障碍，且影响着关系。引领者需要知道目标，至少知道下一步该怎么走。成年人如果角色混乱就会破坏他们与男孩的关系。在与男孩的关系中，健康的成年人对自身优势有充分的认识，他们有兴趣逐步降低这种不对等；同时他们会在与男孩的交往中弱化年龄的优势。当男孩成长为男人的时候，这种不对等就会慢慢消失。明确、沉稳的成年人享受男孩的成长，以及由此带来的差距的缩小。在许多领域，孩子们会后来者居上（例如在移动电话或计算机的操作方面），明确的引领型的家长会因此而感到自豪。

作为引领对象的男孩得到了一些东西，但是他们还需要信任才能够跟随引领。从这点来看，在一段安全、有效的关系中，男孩们会心甘情愿地追随引领。理想情况下，你不需要迫使他做任何事情。但是，引领者必须要有过人之处，才能被孩子认同。另外，以自我为中心的人或是自恋的人需要距离来制造等级感，他们热衷于去强调这种差异，会任其发展，甚至会去扩大这种差异。这种人不适合成为引领者。

人是一种个体化和社会化的存在。教育不仅要关心个人的发展，还要关心社会的可持续性发展。因此，也无可回避地存在“教”与“学”这种不对等的关系。强制性义务教育现在越来越成为男孩问题的导火索，相比女孩而言，更多的男孩试图逃离义务教育，例如男孩经常旷课。

然而，绝大多数男孩都愿意进入这种不对等的关系，并从中受到引领或指导。这首先是人的先天属性，毫无疑问这也是因人而异的，不同的人生阶段也各不相同，有时引领会多一些（童年），有时又不太明显（青春期）。但是，即使在青少年时期，男孩也想让父母快乐，而他也会在父母真的不开心的时候明显地感到痛苦。男孩希望自己是有用的，为一些人而存在，他们希望自己成为社会中好的那一部分，至少在青春期中期是这样。有些男孩的社会性比较隐匿，但即便这样他们也是如此。当我们看到男孩是如何参与社会活动、年长的男孩如何保护年幼的男孩，或是当我们看到一个问题男孩在学校成功地完成了养老院的工作项目而为之骄傲时，我们都知道这意味着什么。即使在一些非常“困难的男孩”身上，我们也经常会发现他们对职业、妻子、孩子、公寓、汽车等的强烈渴望。

男孩们需要归属感，需要学习怎样去生活，为了在社会上找到立足之地，他们愿意去继续发展自我并形成自我。因此，他们愿意去学习如何尊重他人的需求，他们也接纳自己对他人的生活感受（包括父母和老师的）负有责任。明确的、充满爱的引领是对男孩这些愿望的回应。因此，男孩想要的是这样的引领者：一个希望男孩发展自己并从中获益的人；一个能够让男孩成为他自己（“如其所是”）的人。

然而，在这件事情上令人棘手的关键点在于：引领只有在令人信服的情况下才能发挥其作用。没有男孩会仅仅因为某个角色（父亲、母亲、老师）而自动臣服；没有男孩能在一个经验丰富的、标准化的，但是毫无生命力、无爱的引领者身上获得足够的兴趣。对男孩来说，成功的引领必须是明确且果决的，它所塑造或呈现的是值得信赖且极具吸引力的。只有这样的引领才能够被男孩认同并为其所用。

蒂姆疯狂地迷恋着他的游戏机。每次在玩了一小时应该关机的时候，他总会大闹一场，这令父母不堪重负。蒂姆大发雷霆，甚至会很长时间都不和他的父亲埃里希说话。他的父亲不知所措地问我：“对于一个九岁的男孩来说，这正常吗？”“这种冲突很常见”，我安慰着埃里希。而且限定时间也没错。蒂姆必须要学会遵守协议。而在这个关系里埃里希应该言出必行，因为对于一个九岁的孩子来说一小时足够了。也许蒂姆的“纠缠”恰恰是因为埃里希和他的伴侣的态度表现得没有那么的明确和清晰，还是因为他们的态度不那么一致。

访谈之后，他们想要改变对待蒂姆的方式，他们平静地（而不是剑拔弩张地）与蒂姆谈论游戏机的使用，以及当蒂姆玩得太多时他们的担忧。他们宣布，如果蒂姆再发脾气或“戏精上身”的话，他们就会把游戏机锁一整天，同时他们还协商了一个提前预警——蒂姆会在比赛结束前10分钟得到提醒。从那次起关机问题几乎解决了，也不会再有大戏上演。

不对等关系是他们独立自主的基础，尤其是对较小的男孩来说更是如此。如果这个小男孩没有得到一个稳定的引领，而是被过早地以伙伴关系对待的话，他将会不堪重负。他需要自主性，同时需要去做一个孩子去依赖他人，而不是立刻马上去成为一个成熟的、有反思能力的对手。

缺乏引领使男孩们不堪重负，但同时父母也会对他们要求太少，或是过度照顾。男孩总是得到太多，根本不需要为任何事情而努力，他们不需要等待、不需要承担，想得到东西的话不费吹灰之力。他们什么都不需要担心，他们会被照顾，同时自身的驱力也日益减少。那种关乎自己的能力自豪感和自身动力的发展都会受到阻碍，甚至遭受到破坏。丧失挑战力的男孩、缺乏对那些令人不适的事件的体验和应对的男孩，应该追随明确的指令，保持欲望在线，以当下为导向。不然，他们既无法拥有真正的能力，也无法建立关系。这些男孩在日后很容易陷入成瘾的情况。有一些人会在社会中独来独往，另一些就选择待在自己的房间里、不停地上网，并习以为常地被照顾着。切记：**父母照顾太多，和关心太少一样，会给孩子带来烦恼！**

成年人要“更多地”去唤起男性青少年的欲望：这个我想要！然后他就必须学会等待或是他必须要采取必要的行动或者去为之奋斗——要去承受这随之而来的冲突。

雅诺施今年15岁，他的父亲是一个小企业家，母亲曾经是管理专家，后来待在家里直到两个孩子足够大才又继续去工作。雅诺施几乎得到了他想要的一切。他不必为任何事情努力，并且拥有所有他想要的消费品。

雅诺施在学校的问题越来越多。特别是与他的德语老师发生了一次剧烈的冲突。他每次不高兴和发脾气的时候，总听不进去她的任何建议，并对她想要约束他的尝试视而不见。老师不愿意再忍受这一点，她想让他离开学校。这是他第二次职业实习了，他应该去守住这个实习岗位。

学校社工为他提供支持。雅诺施保证他会开始寻找实习机会。在下一次会谈时，他信誓旦旦地告诉社工自己已经得到三个有趣的实习机会，并且都可以随时开始。但是事实却是：他压根就没有去找过。最后迫于压力，父亲帮他在自己生意伙伴的商店里找了一个实习岗位。雅诺施两年前在这里实习过，那是他的第一份实习工作，这份工作没有给他带来快乐，他对这份工作也没有真正的兴趣。雅诺施在质疑中遵循着父亲已经为他指出的方向。最后当然是以失败告终了，因为他没有体验过明确的引领。

第2章

Jungen brauchen klare Ansagen

了解男孩是发出明确指令的前提

男孩的力量与冲动并存

首先，男孩的身体状况决定了其男性气概。与女孩相比，男孩更容易罹患疾病。男孩的性染色体为XY染色体，女孩的性染色体为XX染色体。对女孩来说，X染色体是双份的，通常有缺陷的染色体可以自我修复。而男孩的XY染色体则欠缺这种修复能力，从而导致缺陷和疾病更易被保存和遗传下去。这也解释了为什么男性身体存在天生的弱点。因此，男孩可能更加需要支持和安全感，这是男孩在关系中需要被引领的一个重要原因。

Y染色体确保睾酮的形成，反过来睾酮又会强化肌肉的形成。肌肉与力量有关。在青春期，睾酮刺激肌肉发育，男孩的身体力量增加，尤其是当他们使用或有意训练肌肉的时候。与女孩相比，青春期男孩的力量肯定会更大。但是，所有的力量都用在哪里呢？男孩一直在寻找机会来检验和开发这种新的潜能。为了让男孩把这些需要放在正确的轨道上，激励、明确的指令、设定边界以及榜样在青春期早期是非常重要的，这些都需要具有引领能力的成年人来完成。

同时，睾酮增加了男孩体内的能量水平，激发了男孩对运动的兴趣以及对参加活动、想要更进一步和跨越边界的渴望。这些渴望是身体的需要，就像饥饿、口渴、睡眠一样应该被尊重。男孩需要学习察觉身体的冲动并且控制它们，在学习的过程中，他们需要启发和指导、规则和方向。成人引领的任务是帮助他们了解这种运动和活动的冲动，接纳并对其进行支持，以使男孩逐渐学习自我控制。

德里克把小乔纳斯抱在怀里，跟他讲街上的车开得有多快，可能会出现怎样的危险；同时也告诫他不许随便跑到街上去，因为那很危险；然后，他们还练习在街边停下来。

当男孩们已经在电视机前坐了很久，爸爸或妈妈说："好了，关掉电视，现在出去歇会儿！"

从游泳的体验开始：青春期的丹尼尔带着两个朋友一起去游泳；父母就去那里陪着蒸了很久的桑拿，不做任何干涉。

安娜给他的儿子带来很多新的运动类的游戏和游戏理念：用泡沫打仗，踢毽子，练速度球，倒跑比赛；走边边时保持平衡——但是这个时候一定要注意：男孩通常会很敏感（特别是从青春期开始）。

在幼儿园和小学阶段，男孩普遍比女孩更好动，也更缺乏耐心。脑科学研究通过"抑制"（阻碍或减缓行为冲动的能力）的发展来解释这一点。平均而言，男孩冲动控制能力的发展速度要慢于女孩。但随着时间的推移，男孩渐渐从成人或是他们的同龄人那里了解到，冲动不能也不应该立即表达。同时，男孩也要学会建立边界，需要知道每一个充满激情的举止都有禁忌区；他们也需要自我控制，盛怒之后必须要学会再次冷静下来。家长的任务是引导男孩找到和他年龄相符的运动方式并坚持下去。这在儿童时期相对简单，因为在这个年龄许多男孩都喜欢四处活动，他们可以彼此鼓励。父母也可以带他们去练习儿童体操、踢足球、游泳或玩手球。

理想的情况是，男孩把对运动的兴趣带进了青春期。通常，在青春期开始的时候，一些规律、有趣、令人激动的活动，以及某些体育运动会给男孩提供一个新的且有趣的活动领域。男孩现在的想法较之前发生了变化，已经不仅仅限于简单的运动了，而是想要做得更好，想要取得一定的成绩；运动强度和要求都在增加。

如果说到男孩和父母在身体上的一些较量，那么在童年时期可能会非常愉快：一种美好的身体接触。但是随着年龄的增长，尤其是在青春期，情况就会急转直下。也就是说，如果这种打闹变得严肃起来，我们就要注意了：他会真的把你弄疼。那就是时候将冲突转到另一个水平了。当男孩变得越来越有力量时，观点的讨论会慢慢代替这种身体上的较量：冲突将不再通过身体而是通过语言表达出来。但同时身体上的接触仍然有必要进行：握住手臂，或把手搭在他的肩膀上，用拳或者手轻轻地捶他一下，摸摸他的头，说话的时候用手拍拍他的手臂。身体接触是亲密和联结的一种重要的形式！

男孩需要明确而非拐弯抹角的沟通

相比女孩，许多男孩更喜欢一针见血，他们不喜欢那种天马行空的或是拐弯抹角的解释和细枝末节。

“今天在学校怎么样？”

“好。”

“在篮球训练中呢？”

“也很好。”

男孩的想法因睾酮的影响被过滤，变得清晰而明确。而儿童早期和青春期伊始恰恰是男孩受到睾酮强烈影响的两个时期，这时他们的身体和大脑还没有适应，男孩的行为倾向通常“偏好冲突”，比如父母希望他们好好学习或者去布置餐桌，他们偏不。在冲突的情况下，身体为大脑提供睾酮，简化程序立即启动。

这种能力会减弱、简化男孩对很多事物的反应，这时男孩会觉得外部环境和他的想法也是不谋而合的。这就对男孩的引领者有了要求，父母要针对男孩调整他们的语言：运用明确、可理解的沟通语言来确保男孩接收到这些信息。

切记：男孩更容易听进去那些明确且容易理解的指令！

“请把餐具从洗碗机里取出来。”

“做完作业不能马上玩电脑，先要让大脑休息两个小时，出去做做运动。”

“我希望你今天把屋子打扫一下。”

就平均水平来说，男孩的大脑的平衡协调度不如女孩，他们更容易走极端。此外，在青春期因为受睾酮的作用，男孩可能会变得暴力、直率和冲动。他们总是迫不及待地将自己的想法和思想讲出来。这种冲动表达的倾向当然会影响他们和成年人的关系。如果男孩内在的冲动得到管控，不是本能地释放，而是被得体地表达出来，那么他在社会上就更容易被接纳。这是一个学习的过程，男孩需要明确的指令——例如重复规则和明确地分配任务。

男孩对社会地位和等级很在意

睾酮还有另外一个作用，它激发了男孩对社会地位和等级的兴趣，特别是和同龄的其他男孩有关时。这种对社会地位和等级的兴趣在青春期尤甚。许多男孩在儿童时期就已经对地位问题和战斗欲产生了兴趣，这些从青春期开始又有了新的变化。随着身高和身体力量的增长，地位斗争变得更加严重。相比之下，在儿童时期，男孩和父亲之间的冲突只是游戏而已。在青春期，他们的冲突在男孩冲动和更强壮的身体作用下会变得更加激烈。

过度追求理想化的身体形象给男孩带来压力

在过去的几十年中，男性外表的美观变得越来越重要，理想化的身体应该年轻、结实、紧致、肌肉发达、完美无瑕且被保养得很好。无论父母是否喜欢，这些观念、标准和理想化都会影响到男孩。这种影响不仅仅限于形形色色的媒体或虚拟网络世界，当男孩的外表没有达到这种理想状态的时候，还会招来许多同龄人的贬低，被同龄人称为“芦柴棒”或“肥仔”。这些都会严重影响他们正在成长的自我意识和自我期待。

如果男孩的身体仍处于发育阶段，是根本不可能达到理想化的形象的。而广告向男孩传达的是：身体是一种资源，一种作为男孩或男人进入市场的个人资本（体现在友谊、业务甚至伙伴关系方面）。当身体形象变得如此重要时，如果男孩没有发达的肌肉——健美的身材，那么大多数男孩就没有安全感。

男孩关心自己的身体、健康和外表，当然也有其积极意义。问题在于：严苛的标准、超高的期待和接踵而至的压力，为了做好一个男人，你必须要变得更好、更健美、更健康，才能保持男性魅力。这让男孩压力重重。

在这个强烈的视觉化交际取向（看脸）的时代，身体形象变得越来越重要，因此必须通过相应的身体运动来保养和改善它。身体逐渐成为一种“自我创造”的表达，一种能够被塑造和被影响的可塑性媒介。最有力的证据就是身体塑形、整形等。

就像女孩和女性追求身材修长、丰乳肥臀一样，“穿衣显瘦，脱衣有肉”对男孩来说也是很重要的。因此，男孩和男人不仅希望有修长秀美的身材，还需要更多的肌肉。这种审美的改变使男孩和男人又开始对传统的男性肌肉青睐有加。他开始运动，并在健身房锻炼身体，目的是进行身体塑形。此外，社会责任，例如作为球队成员，也激发了他们对身体塑形的动力。

练习、训练以及一些有难度的身体锻炼都会促进身体健康。对自己身体美感的满意会有助于精神健康。但是，对于许多人来说，这种体验是遥不可及的，因为目标太高或身体无法跟得上。

要想获得理想的男性标准身体，离不开巨大的控制力：它需要强迫性的刻苦训练、节食、反享乐主义行为以及一种单调的、目标固定的生活方式。从批判性的角度来看，这对正在成长的青少年来说，风险也会更大：男孩会出现无法跟上他人步伐的情况，以一个失败者自居的感觉，因为身体即是证据。特别是处于青春期的男孩，压力和自我的完美主义明显地加剧了他们对身体的不满意和不确定性。

在年轻人中，对于过于瘦弱和肌肉太少的担心正在蔓延开来。他们的目标是能够练成“倒三角”形肌肉发达的男性身体。另外，人们又担心会给人留下“麻秆儿”的印象，因为这样一来，自己很可能会变得“缺乏男子气概”或成为“失败者”。在过去男孩或男人拥有智力、地位或职业能力就绰绰有余，今天的男孩或男人还必须去关注他们的外表，并且努力使他们的身体形象能够达到自己的期待。当与标准进行比较时，就很可能导致负面的自我评价，导致自己在身体和身体形象上出现问题。

喜欢吃肉，对沙拉和蔬菜缺乏兴趣，暴饮暴食，爱喝啤酒和白酒——这在以前被认为是男性行为表现。许多男孩注意到了这一点，也认同了这样的想法。尤其是在青春期，这时候他们的男性气质发展得仍然比较弱，这样的表现可以使自己感觉以及在他人面前显得更加男性化。例如含糖过多和含咖啡因的能量饮料或油腻的汉堡，抓住了男孩的需求，这些产品旨在为他们提供阳刚之气，但同时也威胁着他们的身体健康。男孩中超重的比例越来越高。

当然，父母明确表达自己的态度并向孩子传递信息，会有助于青春期男孩的发展。父母应该对儿子少一些控制，多一些照顾。学习并掌握饮食行为的关键期一般在男孩较小的时候。在童年期，孩子们的饮食习惯是以父母的态度为准的；男孩喜欢凝视他们的父亲，观察他们吃的方式和吃的东西、他们说话的方式与内容：当有素食时，父亲的脸色会不好看吗？他对牛奶什锦早餐中的麦片是不是有兴趣？父亲的行为影响了儿子吃饭的态度。但是，在令人担忧的饮食趋势中，父母更有可能触发男孩的抵触。合理均衡和健康的膳食对男孩当然有好处，但不是所有健康的饮食都能受到孩子的欢迎，例如绿色蔬菜汁和纯素食品可能会让母亲放心，但如果男孩喜欢意大利肉酱面，那么偶尔能吃到意大利面可能更为重要。为什么要拒绝男孩真正想要的呢？

如果男孩在儿童时期做好了充分的准备，他们通常可以应对青春期的营养风险。新的身体形象会增加男孩的饮食风险。同时，青春期的飞速生长和外表的变化正在破坏着每个男孩对自己身体的满意度。外表的重要性和无法达到的标准常常使男孩对自己的身体更加不满意。当男孩对身体不满意的体验比较极端而且持续时间也比较长的时候，进食障碍就有可能出现。男孩进食障碍的症状通常是非典型的。吃完饭后，男孩们可能不会像女孩那样在洗手间催吐食物，相反，他们可能会花几天的时间进行过度运动。无论如何，这也迫切需要专业人士和父母提高关注和敏感度。

如果男孩运动量适中并且饮食均衡而规律的话，父母就没有必要持续控制孩子的饮食或对此过度恐慌。父母能为儿子做的最好的事情就是从小就给孩子灌输一种对待身体的积极的态度，从而使孩子对自己的身体感觉良好。“热可可，你喜欢的，是吧？你是真正的美食家！”“瞧，你辛苦的脚。现在它们可以休息了。”通过嬉笑的言语、亲密的身体接触，父母可以向男孩展示：身体是为了美好的体验和享受而存在，它是一份礼物，而且和男孩一样美好。

感觉是关系的载体，所以无论男孩那段时间处于好心情还是坏心情，无论当他忙于保持健康还是垂头丧气时，父母对男孩的身体问题的共情都非常重要。通常在这方面女孩被关照的比较多，而男孩比较少：“你看起来很棒，我喜欢你！这件衬衫真配你！”父母应该反思，他们在什么地方给男孩带来了外表上的压力，什么时候让他们感到不满。对男孩外表不断地批评和挑剔会刺痛男孩的心。身体焦虑和对健康的完美追求使他们感到不安全。此外，父母过高的期望也是造成男孩消极看待身体形象的一个原因。当然，对身体上的鞭策有时也很重要，但如果只是不断地告诉这个男孩在哪方面不够好，最终不会起到激励的效果，反而会导致男孩对自己身体的仇恨。

这种情况通常会在青春期浮出水面，男孩通过其他人的眼睛去体验、认识他们的身体。媒体、同龄人的反馈所带来的压力越来越大，轻度的困扰不小心就会引发问题行为。在这种情况下，大多数父母对此时男孩新出现的身体状况的反应与男孩一样：他们感到不安全，这是可以理解的，因为这种现象是新的。由于这种不确定性，父母经常会直接干预男孩的应对行为，表现出焦虑和过分谨慎，他们批评并试图严厉地对男孩进行控制。然后，男孩很快就会感到被误解和被管束，他们承受着被评判的压力，这可能使他们的行为问题变得更为严重。如果父母承认自身的不安全感，不带评判地去关心他们与他们的行为，并询问这种无节制的行为是何时发生的，就可以更好地帮到男孩。

运动对男孩很重要，但要适度

一般来说，男孩可以在运动中学到很多东西。通过运动，他们了解自己身体的极限，学习规则与公平，提升自我效能感和自信心。此外，运动具有社交属性，在训练中，他们会从那些一起运动的人身上学习一些东西，甚至可能在运动中找到真正可以约束他们的人。如果幸运的话，他们会在运动中遇到一些很有人格魅力的教练。如果这些人本身是青少年或年轻人，男孩则更容易认同自己。父母可以帮助他们选择合适的运动俱乐部和教练，以免孩子遇人不淑、误入歧途。

不幸的是，许多运动俱乐部都是“成绩导向型”的。许多孩子开始的时候会认真遵守训练要求，但是随着年龄的增长，他们对强迫的、有组织的体育锻炼的兴趣会越来越低。尽管他们仍然喜欢运动，但是这种约束、获胜的压力以及来自俱乐部的成绩压力会适得其反。

通常，运动具有社交性质，可以强身健体、令人愉悦，它有助于男孩感觉并（更好地）了解自己的身体，男孩在运动时和运动之后会感觉良好。但是，现在男孩通过运动塑形的动机越来越强烈。把运动与节食联系在一起，除了提高运动能力外，他们还可以获得一个肌肉发达、强壮的身体。

尽管运动员(特别是足球运动员)被大众视为运动榜样，但除此之外，这项运动已越来越多地被明星们变身为一种消费品。同时，专业的运动员被视为广告媒介，他们在身形体魄上是男孩的榜样。男孩和年轻人会去模仿他们的偶像。他们在社交媒体上传的图片中摆出了与专业人士相同的姿势，“我也想拥有一个如此美妙、训练有素的身体！”通常这是无法实现的愿望。一方面，训练花费太大；另一方面，广告中呈现的完美的运动员图片都是经过修图的，现实未必如此。然而，男孩通常只看到自己的不足，并因此越发感到不安。

尽管这个问题日益严重，但却很容易被父母和男孩忽视。运动和训练是积极的、健康的，并且男孩也确实可能在这个上面获得成功。但当运动过度或是出现问题的时候，就另当别论了。未经专业指导且不加控制的个人运动具有较高的风险。

一些男孩试图通过体育运动掩盖自己在青春期遇到的众多困难，并且过度运动以致“痴迷”。一旦让高目标和不切实际的自我评估占据了男孩的大脑，他再也无法适当地控制自己的行为。这种情况下，即使男孩表达反抗或是因此长时间闷闷不乐，训练计划也必须调整。这些是大多数男孩都不知道的警报信号。谁应该告诉他们？当训练过度的时候，俱乐部的队员或是教练会提醒他们。而在健身房或独自长跑中就没有这样的提醒。如果父母发现这些情况，要及时与孩子沟通，了解孩子的想法，并寻求专业意见，必要时可以切断男孩的经济来源以停止过度运动。

男孩如何获得性别认同

儿童需要一个引领型的父母以及明确、亲密的关系，这是无关性别的。但是人际关系总是难以摆脱性别的影响。当我们去观察儿童和成年人的关系时，很快就会发现：谁有大嘴巴的嫌疑？谁喜欢表现自己的能力？谁喜欢夸夸其谈？谁在寻找捷径？谁在试着公然违反规则或是通过被动抵抗的方式绕开规则？谁更喜欢对抗家长或是老师？大部分都是男孩。当然这并不是说女孩就不需要引领或者她们就能忍受关系中的含糊其词，而是在这些情况下她们的反应和男孩是不尽相同的。

男孩之间也存在着个体差异，在诸如脾气、人格特质或生活经历等方面，没有哪个男孩是和别人一样的。同时，他们的男性气质也是大相径庭的。然而，毫无疑问，他们之间还是有很多共性的。通常来说，男孩在成长中都需要更多的支持、更多方向上的引导、更明确的指令。

对于男孩来说，获得男性气质并不是一件容易的事情（女性气质之于女性也是如此）。男性气质的形成取决于很多因素，诸如年龄、出身或其成长的环境、民族、宗教信仰等。此外，大量分泌的睾酮会提高男孩的战斗性，这就是为什么有些男孩会走上运动生涯，有些男孩会通过成为学霸或是音乐家来平息身体的冲动。

我们每个人都知道有男性气质，但是却很难确定那到底是什么。唯一能够肯定的是：男性气质是多元化的。正如我们都知道男孩充满野性且好动，但并不总是如此。也有很多人不喜欢运动，他们觉得那没什么意思。

男性气质通常有以下三个来源：身体、心理、社会影响。我们无法单纯地去归因或简要地说是哪一个因素影响了男性气质，三者紧密相连、相互依存、互为因果。就好像一块蛋糕，吃到最后你也没办法说清楚是哪种成分使它尝起来如此的美味：巧克力蛋糕好吃是因为它里面有面粉、糖还是脂肪，或是因为巧克力？毋庸置疑，是这几种成分共同作用的结果。

站着尿尿还是坐着尿尿？

从医学角度来看，坐着小便不会对男性的身体产生任何不好的影响。那些认为男人只能站着小便的认识更多的是社会和心理学层面的问题。有些男性会觉得男人坐着小便表明男性阴柔有余、阳刚不足，他们的儿子也会视父亲为榜样，从而效仿。

对男孩来说，在野外撒尿的感觉当然很好，使用立式小便池也有同样的效果。想要在大自然中或是用立式小便池站着撒尿一点问题都没有。但当男孩使用坐便器却站着撒尿的时候，会不可避免地将尿液溅得到处都是。因此男孩需要指导和练习。建议父母们在男孩的个头长到可以站着小便之前，尽可能清晰地向男孩讲明这个问题。当然，如果条件允许，也可以在家里装一个专门供男孩站着小便的小便池。

如果家里只有一个坐便器，那么也有一个简便易行的“归因原则”：谁弄脏了谁负责，而且要立即清理（此规则同样适用于过量饮酒后的呕吐）。为了更好地贯彻执行此规则，父母在开始的时候就要和男孩一起在厕所使用和规则制定方面进行评估分析。这个办法是立竿见影的：在他第二次清洁马桶并擦了大片地板之后，他会很快地将规则烂熟于心的。

男孩与父母的关系

早期的关系对我们的一生都产生着巨大的心理影响。在一个有着稳定依恋对象、在被欣赏被尊重的环境中长大的男孩会有较高的自尊感，他们在青少年阶段总是能够拥有成熟的关系，也可以更好地迈入成年。人格孱弱或价值观模糊不清的父母通常会表现得更为严厉和权威感十足。他们虽然和男孩生活在一起，但是很难走入他们内心。

男孩与母亲的依恋与疏离

感知性别差异的第一步，就是去处理和母亲早期建立起的非常亲密的依恋。男孩的心理在四五岁的时候逐渐走向成熟，足以完全放下与母亲共生的依恋。他们从这种关系模式中成长，并开始通过从内在拉开距离的方式慢慢完成和母亲的分离。他们不再需要这种非常亲密的感同身受，他们需要变得成熟而独立，逐渐拥有一个稳定的心理之后，男孩也慢慢滋生出了关于“我”、自己的身体以及做自己的想法。在试图解决这些问题的同时，孩子们依然对一种亲密和充满爱的关系抱有期待。这里就形成了一种“性别的倾向性”，男孩和女孩的发展是截然不同的。男孩在这个年龄要了解“结婚”可能是另一种亲密关系。许多男孩在这个年龄想要娶自己的母亲，但是他们也只是想通过作为一个强大的人或是一个勇士，来表达对妈妈深切的爱。

但是，这会存在一个问题，因为这使男孩回忆起和母亲的共生关系，而实际上他们想要从中摆脱出来；因此他们想要再次和母亲拉开距离，然后他们再次走近，体验到这种亲密，然后再次疏离，如此这般！实际上，这种关系是一种两难的境地。男孩两个都想要：很亲密或是很疏离（女孩想要摆脱和母亲的共生关系，是一个线性的过程，所以不会有什么问题）。

与母亲的关系是所有人最早期的关系，这意味着和母亲的关系或多或少地会辐射在一个人未来所有的关系中。如果男孩在这段最初关系中的性别体验存在矛盾的话，他们未来的关系状况就有可能受到普遍的影响。

男孩与父亲的抗争与认同

在解决和探索性别认同的这个阶段，还有一个因素在起作用：父亲是男孩生命中的第一个男人，因此和父亲的关系的体验对男孩来说至关重要。当男孩想要娶妈妈为妻或是想成为妈妈的伴侣的那一刻，当他想让妈妈将他看作是一个小男人的时候，他和父亲的竞争就拉开了帷幕。他想要变得更大更强，向父亲发起挑战或是取代他的位置。当父母比较亲热地坐在一起的时候，儿子有时会跑过去和母亲亲昵，这是为了向父亲表示：你在这里是多余的。

男孩在这种战争中需要一种安全感，即他的父亲是爱他的；只有这样他才可以相信，父亲不会在这种白热化的冲突中轻而易举地碾压他——他是可以的，男孩深信不疑。

在这个冲突的最后阶段，当男孩接受了母亲不愿意和他结婚这个事实的时候，他开始在五岁或者六岁的时候表现出对父亲更强烈的认同：他想要变得和他一样。这也是他内在的志向，在他的男性气质中他继承了父亲男性的部分、价值观或是行为模式。因此男孩同时也无意识模仿了他的父亲，对于父亲来说这并不是一件容易的事情。

芬恩遗传了爸爸马丁的脾气，两人都很冲动、很容易暴躁。有几次他们吵得特别凶。现在又发生了这种剧烈的冲突。因为芬恩过失的行为，爸爸勒令他“休战”，他让芬恩出去，等平静下来了再回来。同时马丁意识到这似乎也不大公平，然后就补充说：“我也出去把气消下来。”

男孩如何处理关系

任务关系

男孩会在任务关系中找到解决这种两难境地的方案。任务关系不是非常亲密的关系，而是围绕某一主题、目标、任务而建立的一种协议关系。足球是一种对任务关系的经典阐释，男孩们在比赛中形成了伙伴关系或团队，在比赛之前或是比赛之后，彼此的关系是清晰的；但是在比赛进行的时候、任务发生的时候或应对困难时候，男孩们通常会马上形成良好而紧密的关系。对于男孩的养育来说，活动作为一种对关系两难境地的表达和应对有着十分积极的意义。任务是一种媒介，事物通过这些媒介关系得以发展下去。这种同舟共济以及共同经历也会加深男孩另一方面的体验，诸如依恋、亲密、理解，因为它存在于任务关系中而不是任务中。

需要注意的是：任务关系模型通常对男孩来说更加放松，因此父母通常更容易和儿子在任务中建立联系。一起做一些事情，向他寻求帮助，探寻彼此共同的兴趣或是激情所在，甚至就足球或家庭之类的话题进行讨论——随处都可以拓展任务关系模式，而且对于父亲、叔叔或是爷爷（这些童年与男孩有着类似经历的人）来说，这是一个和男孩建立关系的最便捷的途径。母亲、祖母，特别是没有兄弟的那种，可能对这种任务关系的模式不太熟悉，她们更重视和亲密感有关的“关系性关系”。但是共同的活动或是政治性的讨论也是可以被带入她们这种关系模式的。

冲突关系

在关系中，冲突是解决两难境地的一个特殊但是同样有效的方案：在争吵中，冲突双方情绪化地参与其中，他们通过感受进入关系；同时，他们又彼此独立，他们建立统一战线同时又保持距离。因此在这里联结与冲突是可能共存的，彼此保持亲密并拥有联结但同时又保持距离！这样一来，在游戏中说“不”的认同就会卷土重来，通过这种感觉男孩能够像一个男人一样去体验去展现自己。值得注意的是，男孩们将冲突视为建立关系的一种形式，因为它能使矛盾呈现出来。理解男孩的这个部分非常重要，因为争执和冲突是男孩和他人建立联结的一种形式。不要仅仅将争吵看成是违抗或边界的划分。因此父母大可放心地去为下一次冲突雀跃，因为你们的儿子正在尝试着和你建立关系。

男孩心理的发展需要父母的引领

男孩在幼儿园里一般不会自己玩，而是和其他男孩一起玩，他们比女孩更注重自己的性别概念。从这时候起，和其他男孩一起玩耍、活动的经验持续不断地影响着男孩的心理发展，并逐渐在他们的行动中表现出来。男孩和同伴一起的体验会影响到他们的男性气质以及身份认同。

父母的引领从什么时候开始变得重要呢？不言而喻，从男孩呱呱坠地的那一刻起。在那一刻，他就开始去体验无条件的爱和给予，去体验父母引领中温暖的那一面；在父母的影响下，他慢慢地形成自己的性格，有时候很好，有时可能没那么好。当然，心理方面不仅仅有性别认同的部分，还有很多其他的方面。但是性别通常是身份认同的核心。因此，对男孩来说，性别、关系和心理发展这三方面是相辅相成的。

理解、共情与引领和支持对童年时期男孩心理的发展尤为重要。随后青春期的意义就是变得叛逆。如果在这个阶段男孩没有叛逆或是仅仅只有一点点的话几乎是不可能的。

即使在童年和青春期后期，男孩的心理也会受到他们的经历和所学知识的影响。男孩应该是怎样的？他们的言行举止又是如何的？他们通常通过模仿来获得感知。这也适用于他们的性别认同行为：男孩只做那些对他们来说重要的且男性应该做的事情。因此，他们是一定需要男性的。道理很简单，男性缺位就意味着缺乏一个可供模仿的对象。如果他们不能了解到男性的想法，他们只能通过一些表象或是一些间接的形象来发展他们的心理。或者他们还有一些其他策略：不做女性做的那些事情。女性化的刻板印象在这里变得尤为重要，因为对男孩来说从反面来推出男性气质会更加容易。

青少年早期是不容忽视的，父亲和母亲作为两个不同的性别在男孩的关系议题上扮演着重要的角色。在父母的角色中父亲和母亲是平等的，但是父亲和母亲之间又存在着性别上的差异，这就形成了男孩世界里秩序的一部分。

“你必须照妈妈说的做。”

“为什么？”

“因为她是你妈妈。”

充满爱的依恋是关系、共情以及父母影响力的基础。这里指的不是早期的需求，不是机械持续的刺激，更不是需求无止境地被满足，也不是对他人已经做了或是能做的事情无尽的埋怨和指责。男孩在童年时期基本的心理渴望是他想要从父母那里感受并听到：“你很好，你已经都做得很好了，你是个男子汉。”他需要父母明确的态度，其中涵盖了父母的价值观，这是男孩真真切切需要的。一个不断抱怨或是不停指责的母亲和男孩是没有联结的，也是没有办法和男孩建立联结的；一个总是紧张兮兮的、手机不离手或总是时不时靠拍桌子来彰显自己强大的父亲，会让男孩感到无比的失望。即使他们不能看到所有这些，但是在他们的需求没有被无条件接纳的时候，他们已经感觉到了这些，他们会以不顺从、攻击性言语或行为以及不安、退缩、抑郁等方式来应对。

第3章

Jungen brauchen klare Ansagen

明确的指令
让男孩更有“男孩样儿”

一旦男孩开始明白世界上存在两种性别、性别差异的重要性以及他们是男性的时候，他们就会开始去寻找并验证他们的发现。他们在游戏、媒体、广告、笑话以及其他人身上去发现男性气质，将男性视为榜样。女性也在传达男性气质的概念，比如，当她们谈论男性的时候。此外，男女劳动分工不同及厕所、更衣室男女的区分等也影响并传递着性别概念。对男孩来说，这种感觉在童年时就已经开始萌发，特别是从青春期开始，男孩的同龄人（尤其是其他男孩）变得非常重要。在男孩探寻的过程中，他们通过了解男性的信息，作为一名“男性”来展现自我。

男孩对男性形象的要求比女孩对女性形象的要求更为严苛。当他们觉得自己的行为不太符合男性形象的时候，就会加强对自己的约束。如果男孩受到不公平的对待或者委屈抱怨的时候，就很可能听到这样的话：“不要像个娘儿们似的。”

为什么男孩在这里如此的刻板？首先，大众对男性气质形象的定义依然很狭隘——从着装上即可发现：男孩只允许穿裤子，女孩可以选择裤子或裙子。据推测，男性的这种局限性也与一个事实有关，即男孩在童年世界里接触的男性较少。因此男孩很难在男性身上去体验这种男性气概，他们只能通过媒体、游戏或一些二手的信息去间接地学习了解。这些远不如现实那么多样化，而且他们很少或几乎没有机会去和真正的男人打交道，几乎没有可能去和多元化的活生生的男人去进行一场争论。此外，男孩很难将他们了解到的男性形象和意识形态在和男性接触的过程中进行整合：由于他们周围的男性太少，没有真正符合这些特质的男人，因此他们无法去体验真正的男性形象。

这种刻板印象在我们的社会中根深蒂固，而且很多男孩愿意被指使并愿意充当刻板男性形象的践行者。

直到今天，男性形象也总是会和成就、成功、行动力或是开拓精神联系在一起。因此领导形象总是会让人们间接地想到男性，刻板地认为引领是男性化的，男性是具有引领性的。当然，无论是过去还是现在都有一些有影响力的女性，但是她们有被看成真正的领导人、被视为“权威”吗？

如何培养男孩的服务意识

原因可能已经发生了变化，但是现象还在：当父母去抱怨他们孩子不尊重女性、习惯被伺候的时候，大部分指的是他们的儿子。在以前，父母会担心做家务会让男孩变得娘娘腔，当他们的儿子拒绝、撒娇或是不想做的时候，父母很快就由他去了。结果是：他承担的责任更少了。当男孩理所当然地去享受这种全方位的服务，而将社会化需求置之度外的时候，就会助长男孩那种男性的狂妄自大。这种毫无兴致的表现或是事不关己地置身事外，让很多父母觉得没有安全感，这种现象在男孩身上更多。女孩有时候也会有这种情况，但是亲子关系的和谐度会更高。

这涉及两个部分：首先，和男孩本身有关，和他的发展以及他整体中的每个部分有关；其次，和他所处的社会有关。对于自己的事情自己做这点，父母的态度要明确：学校用品以及自己的衣服、房间、自行车等都必须由男孩自己负责；当然，还包括一些与父母一起生活的常见任务，比如厨房、地下室、浴室和楼梯间的清洁工作。

在童年末期或是青春期前期，许多男孩已经表现出了不想承担共同事务的迹象，特别是承担家务或是其他的一些事情。但是这并不意味着男孩在原则上不适合或不愿意去为社会做些什么。把餐具从洗碗机中拿出来，或是将它们摆到各种格子里看起来是没什么意思。这对很多家长来说也是如此，只是他们的感受更加隐蔽。没有人会整天因为晚上要熨衣服或者收拾碗筷之类的事情喜不自胜。因此，这完全不是说你们要配合着演一部喜剧，这主要是为了培养一种轻松的态度：即使男孩没兴趣，他也需要去做点什么。当他不理不睬的时候，你可以告诉他你对此也没有兴趣。

为社会做些什么，能帮助我们建立联系并找到归属感。如果一个人只想自己或是只享受别人的服务，只是享乐，并不能帮助你应对现代社会，因为日后还有很长的路要走。长远来看，最有效的方法是培养他的合作意愿，明确要求公平分配，珍惜劳动成果，共同承担责任。

怎么避免男孩成为大男子主义者

任何滥用权力的人总会暴露出自己的弱点，因为这种支配性的行为总是侧面反映出人格发展欠佳、性别认同缺失或本身的脆弱性。强势面具的背后隐藏着无法建立真正平等关系的事实，以及对自卑的恐惧。没错，男孩的父母想知道他们是否可以做些什么来帮助儿子，以避免他们成为一个大男子主义者。

但是，家长也不能恐慌。男孩子在实践中感受他们的男子气概。在一次又一次的跌倒中，比如男孩听到带有性别歧视的话语，这指的并不是一个小的“绊脚石”——至少他对自己的行为有了更多理解。亲密、充满爱，同时又很明确、方向感十足的态度为男孩构建了不需要使用贬低和攻击性行为表达男子气概的一个重要的基础：一旦男孩轻视女性并喜欢被女性伺候甚至表现出其他贬低女性的行为，就已经可以认为是哪里出了问题。

妈妈怎么做

多数情况下，母亲倾向于过度地照顾他们的儿子，使他们无法承担起自己的责任。泛滥的母爱和过度的照顾是将男孩养育成一个“任性”小王子的原因之一。这种现象当然存在于所有的孩子中，当然也有母亲把女儿宠上天的。在这些个体化的表现背后隐藏着一种更大的趋势，即多数母亲和孩子之间都缺乏明确的边界。这不是一种下意识的决定，而是天性使然。这里可能有两方面的原因。

尤其是面对更暴力、更冲动的男孩，母亲很少要求他们参与某事或是自力更生，因为她们在回避这种要求可能会带来的冲突。如果每个要求都需要经过一番剧烈的讨价还价的话，母亲就懒得再说了，她想要避开这种冲突的关系并渐渐放低了她的期待：“那我还不如自己做呢！”——这也是可以理解的，但是这也是一种借口，因为从长远来看，这种轻而易举的放弃会害了他们的儿子：他们安于享乐，而无法发展出完成一般任务的动力。

相反，有些母亲将其女性化的处理方式融入与儿子的关系中，从而对儿子照顾过度。也许这是我们文化里老掉牙的一种“尊老爱幼”，但也许这是因为母亲认为儿子很弱小且需要支持才作出的反应。事实上，相比女性，男性的发展普遍会比较滞后，这时候母亲的照顾就可以派上用场，并自然而然地发展下去。这两种原因对男孩来说都是有害的。因为当母亲过多地参与男孩的生活起居时，男孩自己承担的责任就会越来越少——现在是一些任务，以后就是他自己的生活了。

就男孩而言，他们也积极配合着这种关系，这和他们童年时那种矛盾的想法有关，想要娶母亲，于是就去配合母亲的行为。这种源自童年的关系遗骸在母女关系中是很难发现的。

当然这也和父母的分工有关——母亲或多（全职）或少（一部分）地做着家庭主妇，父亲做着全职工作——这也多少影响到男孩。母亲总是在场，她们的无所不在以及有求必应降低了母亲的地位。和市场一样，供求关系决定其价值。无条件的可用性就好像“供过于求”一样，这同时也使母亲的身份有所贬值（可能传统的母性的意识形态就要求她们对家庭无限制地付出）。如果男孩觉得母亲就是应该围着他转的话，那么母亲就是专属于他的服务员。在这种情况下长大的男孩往往会变得奴颜婢膝，无法独立。此外，母亲对自己照顾不够，总是牺牲自己来照顾孩子，这样会使孩子出现内疚感，从而滋生出一段不清晰的关系和畸形的依赖。

尤其是当母亲去工作去照顾自己的需求、无法为孩子提供全方位的照顾，而想要去寻求外界的帮助的时候，她们经常会陷入一种不确定感中：我可以这样做吗？作为一个女人，我有工作的权利吗？我为我的孩子牺牲得还不够多吗？这种不确定性是滋生内疚感的温床。如果她太过强势而且同时又没有与男孩进行有意识的协商的话，就会陷入过度反应的危险之中。这里主要体现为两种不同的形式：要么母亲冷漠、理性，看不到男孩的需求，无动于衷，或者是以责备的形式把那种不舒服的感觉丢给孩子；要么她们表现得太过于体贴照顾了。

但是，为了使男孩更好地成长、有所成就，今天的母亲似乎比传统意义上的母亲更为重要。职业化的母亲为男孩男性气质的拓展提供了空间，即使男孩的父亲没有很好地完成这个部分。母亲的任务不在于纵容溺爱以及 24 小时在线的精心照顾，而在于去协调工作和作为母亲之间的两难境地。这样一来，她们就能够让男孩去体验和强化女性的地位，同时她们去满足自己的需求，通过一个职业化的母亲来成就自己。长此以往，男孩会从传统的男性气概中解放出来，在“性别意识”的历史废墟中发展出独立自主的模式。同时他也会意识到，母亲不会分分秒秒且永远地陪伴左右，这会提升他的价值感，从而抵制了大男子主义的滋生。这时就要求父亲去积极地支持和帮助母亲去维系这种模式的平衡和平等。

爸爸怎么做

父亲手中还握有一张对抗大男子主义的王牌。作为男性的原型，他对男孩具有特殊的意义，特别是在他和母亲建立关系的时候。男孩从父亲那里学到如何与女性相处，应该秉持哪些价值观，或摒弃哪些价值观。父亲还教给男孩，女性气质没有什么值得恐惧的，因此必须要学会接纳。当然，当父亲积极主动地去承担一大部分的教养工作和家务时，这种尊重也会不言自明了。父亲是帮助男孩朝向男性化发展的一个原型，他是他男性的模板，儿子模仿父亲，并在无意识中继承了这种“男性的传承”。

相比而言，男性气质的形象可以为男孩提供良好的滋养，父亲通过一种真正的联结向他展示什么是男性化的付出和给予。因此父亲不仅仅是一个“偶像”，还是互相促进、共同发展的对手，这取决于父子关系的强度和亲密度。但是与孩子分开生活的父亲对儿子而言仍然意义非凡。即使儿子从未见过父亲，父亲对他也是有意义的：他们对父亲的幻想已经超出了他们所了解的事实。所有这些都会在儿子性格和对学校的态度中呈现出来。

有些父亲没有意识到他们在儿子生命中有着如此举足轻重的位置，另一些父亲则对此惊慌失措并拒绝承担责任，尽管这可以使他们得到成长。男孩潜移默化地接受了父亲“那种”男性的信息，并去追随父亲的男性化特质。同时，在和男孩相处的体验中，许多父亲重温了自己男性气概萌发的那个时期和阶段。这使父亲有机会下意识地对其做进一步发展或调整。尤其值得一提的是，使用这种开放的视角来看待现代化男性气质形象，不仅有助于男孩发展以后的恋爱关系，他们在学校的学习也会更轻松一些，日后也更容易成功。

男孩在很多方面都在潜移默化地追随着他的父亲，然后才是其他男孩（性），同时他们还可从一些相关媒体上去获取这种男性特质。他们在对父亲的认同中接收到一些基本的特质和价值观。男孩从父亲男性化的视角去看这个世界，对于较小的男孩尤为如此，学习父亲的为人处世（言语上的信息较少或者只是流于表面）：他真实的意愿会从他的态度和言行举止中表达出来。

作为男性气质的模型，父亲有着重要的意义：父亲如何处理关系，父亲是不是能从更多的方面展现男性的感觉，男性化和女性化形象之间是不是有着严格的边界。父亲帮助男孩去整合自己的体验并发出这样的信号：在关系中，男性气质就是喜欢自己、坚强，看到并展现自己的优点和缺点。

但是，在母亲母性泛滥的情况下，父亲很难去展现自己照顾人的那一面。一个过于理想化的母亲是无所不能的，当然在教育上可以做得比男人更好。这种极端情况非常罕见，但是在儿童时期，母亲这种不耐烦的冲动很快就会从某个角落冒出来，并威胁到男人的存在感：“让我去做。”“你不能那样做，是这样的……”这使那些必须要去找到现代男性气质的父亲角色、没什么机会去树立积极的父性榜样的父亲开始退居幕后。很明显，这种模式在孩子上学之前都是根深蒂固的——而且很明显，在教育中，父亲发言比较少。在他们接受这一现状的时候，就已经或多或少将自己排除在男孩的教育之外，同时也将自己排除在和男孩的关系之外，这对于男孩的发展会产生负面的影响，同时也会使其男性气质贬值。

尊重男孩的领地，培养独立的男孩

通常情况下，男性也会有独属于他的领地。自己的领地通常指的是一个重要的生活和生存空间。由于领地通常和生命休戚相关，因此，我们会为了捍卫领地进行防御或是攻击。

领地相争也经常出现在学校里。比如男孩在一起吃饭的时候经常会出现这样的争论："他总是那么的霸道，总是侵犯我的边界。"

对很多男孩来说，占领领地的行为通常具有很重要的意义，且通常都是无意识的。一些男孩（人）自己的特质可以通过一些标志性的行为来识别，比如当个人物品散落在某些角落或是极具自己特质的香水味从男孩的房间里散发出来，都可作为其空间的标志。

在处理孩子领地的时候，父母一方面要捍卫公共区域和自己的区域，另一方面要尊重男孩的领地。袜子、运动包、夹克或书包不能丢在公共区域；相反，如果儿子想要反锁他的房间，或是在浴室的时候锁上门，对此父母应该接受。

随着男孩年龄的增长，特别是在青春期，自己的房间成为男孩对于个人领地的思考和感受的表达（如今，大多数儿童都有自己的房间，如果没有的话，这同样适用于公共房间中的个人区域）。在个人领地上，很多男孩坚决捍卫个人的自我决定权。一旦男孩"真正"进入青春期，他的房间首先是他的领地，同时这里也和亲密关系有关（身体的羞耻感、自慰、性欲）。这都是自然而然的事情，父母应该尊重和接受这一点。

对于一些家长来说，这不是一件容易的事，因为保卫自己的领土象征性地体现了男孩的独立性。它强调你必须要放手。甚至在象征层面上，父母也不允许过多地卷入其中，也不再能随随便便地去干涉他们的生活。男孩掌控和管理着自己的发展，他们内在和外在的自我也越来越强大。在这里，父母的任务就是去给予男孩这些空间。在青春期开始的过渡阶段，最好让他们自己负责自己的房间，而家长适当进行支持即可——这当中的可行性确实也值得怀疑，但是父母大可放心。

他的房间应该是真正属于他自己的房间——这是男孩迈向成年的一个很小的步骤，但对于男孩和父母之间的关系来说，却是迈出了一大步。父母应该正式强调这种过渡期的意义，也许父母能为此想出一个仪式。比如移交钥匙的仪式，共同的规则协议、然后签字，送礼物。

父母把男孩空间移交给他们，在觉得有压力的同时也会感到无比轻松：家务会变少；需要定期维护或检查的区域一下子少了一块；和打扫相关的斗争也终于结束（可以不论输赢）。

从那一刻起，父母只有在事先商定的框架内和紧急情况下才能够进行干预。而且这还取决于父母的忍耐力，如果没有什么迫在眉睫的危险，父母尽可能不予干预；如果可能的话，家长可以发出最后通牒。这种情况包括严重的卫生问题，可能危害身体健康，以及防火措施等。此外，如果涉及触犯法律问题，例如，在房间里发现了大麻叶子和赃物。在真正的紧急情况下，父母没有必要打招呼，而是需要紧急干预。

通常情况下，只有尊重男孩私人区域才能够要求男孩去尊重家里的其他区域。

从青春期开始，与其说男孩的性生活是一个外在问题，倒不如说是一个内在的议题——男孩体内分泌的激素会刺激性欲。对男孩来说性的体验是羞耻且又是当务之急的。这种信息和刺激又源自何处呢？怎样处理或是防止手淫呢？其他男孩是怎么处理这种欲望的？我应该怎样去将性付诸实践呢？这到底是怎样的呢？我能追随我的欲望吗？如果男孩能对所有这些问题以及来势汹汹的性欲保持冷静的话，那当然是很好的。

目前，性教育往往被误解为是为了预防问题。从国家大力提倡保障公共卫生安全的这方面来看，性教育的开展只是基于预防疾病、意外怀孕、暴力之类的问题，而与男孩们更感兴趣的问题无关。

因为长期以来性一直被蒙着“羞耻感”的色彩，因此很多人没有能力去谈论对性的渴望、欲望，继而导致人们无法很好地去享受性的快乐。如果有一个地方能够让男孩去学习性相关的知识，从方方面面对性进行讨论的话就再好不过了。但是遗憾的是并没有，男孩们自然就会去其他地方寻求补偿：男孩和同龄人在一起，讨论这个难以言说的话题，或者去直接寻求色情内容。

由于性仍然是一个敏感且令人尴尬的话题，因此男孩的色情行为要么被掩盖，要么被妖魔化。许多父母甚至不知道他们的孩子多久看一次小黄片，大多数父母甚至不想要知道。在色情音像或读物中，男孩找到了一种经常让他们获得性快感的方式：他们会本能地将性欲“情色化”。网络使色情信息的获得变得轻而易举，色情信息是免费的，而且可以毫无限制地免费试用。这种开放性的色情信息吸引了很多的男孩。它们为男性的感知而存在，并满足了男性的需求，但却使男孩形成了对性的单一认知，且通常是简单而贬低女性的。最后但也很重要的一点是，这会带来羞耻感、耻辱。此外，色情内容可能会给男孩带来很大的压力。他们无法与这种表演性行为竞争：无论是从体格，还是自身的耐力和能力上，都无法比拟影片所呈现的那种状态。这就会给男孩徒添许多不安全感；有些人会质疑自己是否正常。即使有些男孩知道色情影片不是现实，但还是会有意识或无意识地受到影响。

对于父母来说，随之而来的问题是，怎样能使男孩在不借助这些辅助品的前提下去稳定他们的男性气质。父母单纯在浏览色情网站和边界方面作出明确的指令并没有什么效果。男孩需要积极的真实的男性榜样和“真实”的生活空间，来对冲来自虚拟世界中的阳刚之气，从而使他们以及他人能够感受到他们的男性气质，并能够引导男孩不断尝试以及进一步发展。

第4章

Jungen brauchen klare Ansagen

明确的指令助力男孩提升学业成绩

男孩为什么容易受学业成绩困扰

男孩不重视与父母高期待形成强烈冲突

除了家庭，学校是男孩生命中最重要的生活世界。男孩大部分童年和青少年的时间都在学校度过，在这里，他们为了生活而学习，而不仅仅只学习教科书上的知识。对于父母来说，学校是孩子们未来的代名词。

在许多家庭中，父母都会因为男孩在学校的成绩而出现争执。特别是在学期末的时候，关于成绩的议题和冲突就会一触即发。青春期开始的时候，这个议题也会凸显出来。

如果男孩对于成绩不感兴趣，在某种程度上也是正常的，特别是在青春期开始的时候。拥有一个好的成绩并不能给男孩带来多少好处，“书呆子”更容易被同龄人排挤。但是父母对于学习和成绩的态度是明确的：男孩在学校的任务就是好好学习，他应该竭尽所能地去取得好成绩。这种态度往往会使男孩感到不胜其烦。父母会提出对孩子成绩的基本期望，并承诺只要成绩令他们满意就不会再对学校的事喋喋不休。在此基础上，只要没什么大的意外，他们就可以平静地度过学校的生活。

如果男孩在学校的表现没有达到父母的期望，许多父母会表现得歇斯底里和不知所措。他们往往对孩子抱有过高的期望，因此就会不断地担心和焦虑，担心孩子不会成为一个顶天立地的男人，会成为失败者之类的。父母把自己对于成功的压力卸了下来，寄托在孩子身上，因为他们自己做不到。如果这些不胜负荷的男孩无法达到成年人的期待，他们就会用健康问题或是自我保护来回应。

对男孩来说，学习成绩当然很重要，但那毕竟不是全部。在学校里，认知性学习被过度强调了。男孩真正需要的是，在学校或其他地方学到可以适应未来需求的技能和能力。

关于男孩学业成绩的讨论经常围绕着为什么他们在学校普遍表现不佳、为什么男孩成绩总是普遍比女孩低这两个问题。单就认知条件来看，情况不应如此。因为在这点上男女之间的差异并不大。从遗传学的角度来看，这也是毫无依据的。

但实际情况是，在能力相当的情况下，男孩在考试成绩上的表现也略差于女孩。长期以来他们的平均阅读水平也远低于女孩。一些男孩上课还经常捣乱，他们需要晚上回去再补课。还有一些极端情况，比如辍学之类的，男孩也占了相当大的比例。男生女生的成绩差异在语文和数学上面特别明显，但这和天赋没有关系。这些科目更像是“性别领地”，性别刻板印象在这里起到了很大的作用：他们害怕的是，如果一个男孩热衷于语言并表现良好会被视为“书呆子”或“娘娘腔”。

如果你仔细观察的话会发现，并非所有的男孩都会出现问题。确实存在一些特别困难的男孩群体：基本上来说，有移民背景的男孩在小学期间通常都会有留级的经历，或者他们的成绩可能会很差；那些来自父母没有受过教育的家庭中的男孩也会存在类似的情况；经常使用电子产品的男孩成绩普遍也会偏差。当然这其中也会存在个体差异。这些信息提示我们，男孩需要学校和家长提供有性别针对性的支持。此外，男孩在学校的表现与他和成人关系的质量有很大相关性。对此负有责任的不仅仅是男孩和老师，家长在很大程度上产生了至关重要的影响。因此，我们值得去关注一下，那些成功和稳定的男孩究竟从他们的父母那里得到了些什么。

男孩缺乏明确的引领

男孩变得“难养”的一个可能的原因是，男孩与成年人的关系存在问题。这种关系问题不是说成年人完全置身事外或完全不能承担起他们的责任，而是在于成年人与孩子的关系不明确以及他们不能令人信服。尽管他们那么做了，但还是不那么笃定他们所做的到底对不对或是该不该。他们和男孩的关系很多是不清不楚也很难评估的，因此在男孩看来，他们会有些寸步难行或是一头雾水。

一个在父母明确指令下长大并将其视为准则的男孩，通常在六岁左右（最晚九岁）的时候就可以很好地处理引领关系并作出适当的反应。他已经把这种引领作为一种稳定的觉察并进行了内化。就算不专门去想，男孩也知道他们的行为会导致一些后果。他也不会允许自己因为饭前准备桌子的事情被叨叨三次，而是在第一次被要求的时候就马上去做了——这不是盲从，而是出于爱的关系。他如果在学校总是捣乱，也许在和老师进行讨论的时候，老师给予了警告，那么他就知道是自己的问题了，他会更安静或从反馈中学习。

那些没有体验过明确指令的男孩在某个发展步骤上是缺失的，或是他对适应的感知度依然很差。他们需要持续的重复和强调，他们表现得很抗拒，并拒绝为他们的行为承担责任，他们把这种纠正视为一种对内在事务的干涉。通常情况下，他们并不是完全没有和年龄相符的成熟度，只是这种成熟的感觉可能会昙花一现，没有以稳定的方式扎根。就好像他们没有体验或经历过父母明确的指令一样，他们的行为也会比较混乱。这种不明确的态度也会在男孩自己身上表现出来：他们自己也缺乏秩序。

这也反映在学校作业的完成上。男孩没有办法表现出和智力相匹配的行为。没有明确的关系体验作为稳定基础的男孩，总是需要妈妈或者爸爸来代替他们承担其动机和自我管理的部分。在家父母（大部分时候是母亲）不停地督促和提醒他们，但很多时候都是徒劳无功的：他们去操心孩子的日程和安排，提醒孩子写作业或做班级事务，他们总是背着包跟在男孩后面。习惯了被父母这样服务的男孩会希望老师也能这样做，他们自己能够或想承担的非常有限。如果没能如愿以偿，男孩就会出现状况，他们失去兴趣，也不去交朋友，或者去参加他们感兴趣的活动也会捣乱。

许多父母甚至根本没有觉察到他们孩子的问题。因为在家里一切都是那么的顺利，看起来没有任何问题，他们会自然而然地认为男孩在学校也不会出现什么大的问题。但在老师眼里却经常会是另一番景象。老师们发现，男孩对作业或任务置若罔闻，或需要一遍又一遍的强调和重复，他们才会开始执行。

男孩在学校和在家里都表现出类似情况的时候，问题会变得更加严重。在学校里，老师对男孩的引领通常也是不明确的。在小学的时候，就会有一些男孩表现得毫无章法。渐渐地，在基于伙伴关系的、解释的“理念”方面取得了很大的进步，但是另一方面，严苛的规则系统、明确的框架方面却有些止步不前。这绝非巧合，家长和老师的背景差不多，通常他们（尤其是教育者）在家里和他们儿子的引领冲突与老师和学生的如出一辙。

塞缪尔斯的母亲不知所措，在对待塞缪尔斯的问题上越来越糟糕。她描述了一个她经常遇到的典型的场景：五岁的塞缪尔斯骑着自行车跟在她的身后。他想要走另一条路，就冲母亲喊了一下。母亲就刹车停下来，准备等塞缪尔斯骑过来的时候和他解释。因为他根本没有注意到母亲的举动，车过去的时候直接撞到母亲的后轮，然后立马就摔倒了。他站起来之后几乎吓坏了，他很生气地哭着，冲母亲大喊大叫并且不停地捶打她：“是你的错，谁让你忽然停了下来。”另一方面，她耐心地等待着塞缪尔斯，温和地和他沟通，直到他再次平静下来。

在我看来，这不是强有力的引领，而是和棉花一样软绵绵的。母亲的谈话表明，她经常不知道自己的立场在哪里。她总是忍着，然后去等待接下来会怎样。随后，我们一起去寻求一种对塞缪尔斯来说更持久、更具引领力以及更清晰的可能性。事实证明：塞缪尔斯也很惊讶，他叛逆的时候不再有那种失控的发作了。因此，他似乎也能够更好地接纳他的母亲了。

有一点非常重要，即不要去给男孩贴标签或对其盖棺定论：“这个男孩就是这样，没什么希望了，他根本适应不了社会，以后也好不到哪里去了。”不是这样的，所有的缺陷都可以得到补偿；父母能够去发展自己并不断学习，在情况改善的基础上，男孩可以继续学习，也可以“晚一些成熟”。总之，在学校老师和父母之间互相推诿责任是毫无意义的，互相抱怨责备是解决不了问题的。重要的是去改善关系——男孩需要一个可识别的、清晰的、恰到好处的引领。

所有的孩子天生都有完成任务和想要独立完成事情的愿望，尽管一开始可能没有努力过或能力不足。因此，这对于领导力很强的父母来说是件好事。男孩这种想要“独自去做”的初衷会激发他对成功的渴望，家长们大可放心，就安静地、放松地、充满耐心地陪伴他们就好了。

男孩对自己智力、能力的自信往往会高于实际情况。这种对成绩乐观的态度使男孩在学校不那么努力，而且他们也搞不清楚什么时候应该紧张起来，这往往会造就一些聪明但是很懒的男孩形象。造成男孩高估自己的一个原因可能是父母很少表扬男孩勤奋（对女孩就不一样了），而是更加关注成绩和结果。促成男孩这种幼稚的沾沾自喜的最大原因是完美主义和父母的时间压力（“让我来做吧，我做得又快又好！”）。

一个老师给我讲了一件最近发生的让他悲愤交加的事情：马科斯在第三课堂写了一个非常棒的故事。老师非常喜欢这个故事并夸奖了他。回到家，他的母亲就把写故事的这一页撕掉了，她认为马科斯写得不够好。她要求马科斯必须要把这个故事干净整洁地抄一遍。这在老师看来是毫无意义的。一开始，母亲还会觉得困惑和烦恼，但是后来，她开始理解她这种过度的动机抑制了马科斯学习的兴致。

重要的是，男孩必须也应该去完成每个年龄段应该完成的任务和要求。在这个阶段他们也会很好地完成任务，他们很努力，很多男孩都可以学到很多东西，他们喜欢学习，学起来也轻而易举——他们也取得了不错的成绩。

有两件事情让男孩没有办法取得好成绩：没兴趣和力不从心。在这两种情况下，父母都可以去帮助或是鼓励他们逆水行舟而不是轻易放弃。他们应该对男孩给予支持，协助他们摆脱困境。

父母最好在这种消极情绪萌芽的时候就尽早去干预。许多男孩的父母在这点上做得很好，这就是为什么很少有人会真的放弃学业，而且这种事也不会再发生在青春期阶段。幸运的是，日常生活提供了很多机会（刷牙、收拾房间、将浴袍挂在钩子上、洗澡、摆好桌子、把碗碟从洗碗机中取出来）来向男孩提出要求并帮助他们克服遇到的问题。

引领的一个重要的先决条件是对男孩充满爱的理解、冷静，同时还带点幽默。男孩拒绝父母的要求，不是因为父母不好，而是因为他们想要激怒父母。因此，如果被拒绝，父母要保持冷静，尽可能不要暴跳如雷、大喊大叫或威胁处罚——父母的这种暴怒是一种问题模式，会让男孩恐惧，同时也说明父母丧失了领导力。

最好的方法就是持之以恒地去重复某项任务。这时男孩就需要更多的支持，以帮助他逐步去解决问题，或通过“提问—回答—操作”的方法来支持他：“看，我把盘子从橱柜里拿出来、放到桌子上，然后把每个都摆放在合适的位置上——看到了吗？好，我们搞定了！”实际上，虽然你是自己在做，但是在你的角度上，你是在做给你的男孩看。对他来说，这就是一个被动学习的过程；会缓解其阻抗（对抗），任务的强度减小，对他来说也更容易实现。

在男孩开始对自我身份进行探索的青春期，父母应该反复地提醒他——强调但是要使用充满爱的幽默感——不要通过违反规则或是攻击性的行为来定义自我，而是用积极的方式：“对他人而言，我是一个能够被信赖的人。”“我是轻松自如的，我总是可以完成所有的事情。”而不是“我是不好的，我是无赖，我不守规则，我生来就是个白痴”。

在男孩阻抗的情况下，惩罚施压或是威胁恐吓通常是无济于事的。在这种情况下，男孩需要成年人帮助他们去获得自信，并克服恐惧。这可能会因年龄、主题和情境的不同而截然不同。通常情况下阻抗越强，男孩被支持的需要就越强烈。支持从“少”到“非常多”的程度是这样的：

- 给予男孩提醒提示；
- 简单的陪伴就好：保持在视听范围内；
- 离得很近：父母在旁边做自己的事情；
- 父母全神贯注的在场：专心地陪伴其完成任务以及克服困难；
- 一起完成任务过程中的紧急救援；
- 遇到困难时最后的帮助：替他完成任务。

以写作业为例：

- “现在该做作业了！”
- “你做作业，我就在你旁边。”
- “你做作业，我坐在你对面阅读。”
- “你作业完成得很好，太好了！然后呢，接下来你要做什么？”
- “先把你要做的题仔细读一遍”“看，这有很多可以帮你解题的重要信息。”“我大声数一遍。”
- 在男孩坐在那里看着的时候，父亲（或其他人）就一步一步把作业完成了。同时他又对成年人是“怎么做”的进行了详细的解释和评论：配合男孩的速度以一种缓慢而易懂的方式。这样一来二去男孩就得到了鼓励，比如，家长在这个过程中说：“看到没？你也可以的噢！”即便他只是在一旁看，但是也已经参与其中。“我们很好地搞定了。”同时家长可以鼓励他们：“试一试。”“搞定它的话会很有意思。”

男孩对学校的印象大都不积极

在许多男孩看来，学校并不是一个积极的地方。男孩在学校发展出的情感图景通常都处于感受层面。他们容易受到其他男孩的评价或解释的影响，并把它整合到自己对学校的概念性理解中。从总体来看，他们的看法是非常主观的。

许多男孩认为“真正的男人”是独立的、有距离感的、冷静的和具有自主性的，表现出弱点或者不安全感是不合适的，在学校表现得勤奋和细心谨慎也是如此。若男孩在学校的发展前景不佳，他就必须要和学校的价值观保持距离或是去贬低学校本身。否则，失败有可能使男生成为一个彻头彻尾的失败者，或是会危及他们男性的优越感、自信心和能力。与学校保持距离和贬低学校会导致其阻抗的态度。

另一方面，这些距离感、冷静和自主性的男性形象也是有意义的。如果男孩在学校有希望获得成功，这种成功的愿景是积极的，可以帮助他们建立稳定的自我意识、获得更多的安全感，使他更深入地去研究学习内容。

男孩与学校之间的关系很少是积极的，这点很有可能与偏见有关。早在小学阶段，许多男孩就会存在这样一些固化的观念：男孩在学校都不怎么样，成年人也是这么看的。正如 PISA（国际学生评估项目）研究所证实的，事实看起来也是如此：如果男孩得到“男孩大多不是好学生”这样的信息的话，他们的成绩就会比女孩差。相反，如果测试前强调，男孩能够取得和女孩一样的好成绩的话，男孩的成绩就会很好！对男孩的偏见，是他们对自我实现的预测，是其表现不佳的原因，而不是结果。任何因性别而被认定无法达到学校期望的男孩都会出现相应的倾向。

此外，大多数男孩在上学之初都有很大动力——许多人对上学欣喜若狂，他们不再是幼儿园的小朋友，而是小学生了！但是当他们没有很好地被学校接纳，而且感觉需求没有被满足的时候，失望感就会油然而生。男孩对学校的印象通常都不怎么好，在一定程度上是因为老师没有去关注性别问题，或是没有给予男孩足够的重视。除了学校的内容之外，老师的态度也起到很大的作用。学生往往成绩很差、表现不佳，且不能很好地遵守纪律。普遍而言，这种情况更容易出现在男孩身上。然而当男孩注意到女生同样的表现却会得到不一样的关注时，男孩就会觉得自己由于“男孩”的身份在同学中被贬低，因为不良行为会给人留下长久的刻板印象。这会导致男孩把学校看成一个不公平或是对他们怀有敌意的地方。

老师的性别对男孩成绩的影响不大。在男孩的眼里，学校更具有权威性，但在小学男老师相对比较少，学校是“女人的天下”——虽然这对男孩来说没有那么重要，但在男孩的眼里这是另一个强化学校不良印象的因素，并削弱了学校对男孩的意义。

男孩对学校的看法也受到同龄人普遍态度的影响。许多男孩对学校的期待和要求都秉持着消极怠工的态度。在男孩的文化里，严格遵守学校的规章制度和行为要求是不可取的，男孩承受着巨大的压力去积极对抗这种期待。这种态度和行为很容易在男孩中赢得声望。而勤奋、努力和积极投入学习反而会被贬低。他们会竭尽全力地避免被冠上“书呆子”的称号。这种态度也有助于他们和“勤奋”的女孩划清界限。

最后，在男孩眼中，学校这种不值一提的形象和父母也有关系，尤其是父亲——当然不是全部，但是占了大多数。看看家长会上父母的人数就明白了，父亲可谓是凤毛麟角。父亲的缺席和置身事外也传递了这样一种信号：对男性来说，学校没什么意思。这就带来了一种与性别相关的评估（学校不怎么重要），而且大多数是一种低估（学校一点都不重要）。男孩通常会将父亲作为男性的原型来追随。即使个别父亲会有所不同，但是男孩也会觉得那是个例外。主流的男性形象是与众不同的。父亲只需要意识到自己的责任并积极参与学校的活动就好了。

如何支持男孩摆脱学业成绩困境

老师如何引领

在许多老师的眼中，“男孩”总是充满了争议。他们是那些经常捣乱并引起麻烦的人，而这正是学校要严加管理的：在老师办公室中，约有 80%的关于学生问题行为的对话是针对男孩的。许多老师明里暗里都会有这样的态度：如果没有男孩的话，学校可能会很棒！当然，这里也有很多例外，很多老师很喜欢男孩，喜欢和他们一起工作。但是从倾向性上来看，学校老师对男孩的印象普遍不好。然后这种情况又屡次发生：既像是一种自我实现的预言，又像是贴在男孩身上的标签，但是都是关于男孩消极的态度，并反过来验证了他们对学校消极的看法：作为“男孩”，学校不适合我。

澳大利亚教育研究员约翰·哈蒂的研究提出了一个重要的观点：学业成就主要与教师的教学能力有关。老师和学生的关系以及同理心对学业成就起着决定性的作用。很明显，男孩在校问题的很大一部分取决于学校的老师还有学校里的人。好的老师可以激励男孩，从而使男孩拥有学习的动力；好的老师还能帮助男孩树立积极的态度。但是，老师还需要了解男孩以及他们所感兴趣的部分。同时，男孩希望老师们能有明确的指令和一个稳定的框架。因为许多男孩需要直截了当和坚定的感觉，甚至是一种充满公正性的严厉。而这种明确和简明扼要恰恰是当今很多老师所欠缺的。

许多男孩在关系中充满了矛盾、冲突或反抗。许多老师误解了这种建立联结的方式，他们将其解释为攻击性，是男孩缺乏某种社会能力的表现。当男孩挑起冲突、寻求冲突并试图为自己发声的时候，他们会获得对他们的职业生涯有益的技能（如果最后能够成功地被接纳的话）。但是，这种充满挑衅的男孩在学校里被碾压的可能性也会更高。

许多男孩表达批判性的方式引起了许多老师的不满，学生会觉得老师不想和他们建立联结；他们和领导者建立关系的方式遭到了拒绝，随后男孩就会产生愤怒和挫败感。对于很多男孩来说，表现出独立自主的品质是非常重要的。他们与人交往中充满了自主的味道，这是一种男性化的形象，表明他们不依附于成年人。男孩认为拥有男性光环的表现是卓尔不群，而不是成为一个适应社会的、讨成年人欢心的书呆子。这不仅仅是特别叛逆的男孩独有的策略，那些“乖巧的”或是安静的男孩更喜欢看那些挑衅者或是反叛者怎样身陷囹圄，并试图挑战或是反抗老师的。当老师能承受得住这一切的时候，他们就会感到更安全。

男孩当然喜欢那种环境宽松的学校。但是他们仍然需要支持：一个明确的规则——通过激烈的对峙来遵守、通过明确的指令来澄清，以及通过后果来确定。许多男孩很喜欢这种关系中的对质，比如当老师给予一个批判性的反馈的时候，当老师亲切、准确以及明确地说出自己的喜好的时候。就好像在家里，男孩也会对老师的领导力有自己的立场和见解。尤其是在小一点的男孩面对成绩时："我努力学习是为了让老师喜欢我。"没有这些领导者，男孩也会缺乏追求成绩的成就感和自豪感，他们会认为不能太看重自己的成绩，以及成为一个好学生是一件很尴尬的事。

事实证明，老师的"人格"起着决定性的因素。其他因素如教育理念、班级男女生比例、老师的性别等都不如老师的人格因素重要。他们的态度至关重要，老师要一视同仁，而且要对男孩给予支持（不仅仅是对于那些学习成绩好的、耀眼的男孩，还有那些有问题的男孩）；不是将自己视为男孩的敌人，而是作为一个教育伙伴或是发展伙伴，对男孩感兴趣的主题和内容予以接纳，而且不会因为和男孩接触或是讨论的形式恼羞成怒或是退避三舍。一位好的引领型老师，一方面激情洋溢、对自己的职业充满热情，能够更好地被男孩接受（从而能够和男孩探讨在学习中的感受）；另一方面，老师也拥有能够和男孩建立关系的能力。好的老师是导演和"催化剂"，他们会对班级中每一个学生都一视同仁。

约翰·哈蒂的研究论证了老师领导能力的组成部分，具体如下。

- 使得男孩明白老师究竟想要他们做什么。
- 作为班级领导，老师主导教学并处理班级发生的事情。
- 可以用学生的视角去看待自己和教学的老师。
- 能够去质疑自己，甚至怀疑自己。当男孩不怎么学习或是几乎什么都没有学到的时候，他们不会将其归结为学生缺乏动力或是不够勤奋或是智力有限，而是去问自己，是不是哪里做得不对。
- 能够向学生传递尊重、关心、信任、认可和欣赏。

家长必须知道，普通的学校总是意味着标准化教育，但是总是有一些男孩（尽管很少）根本不适合这种标准化的学校：班级的规模对他们来说太大了，男孩担心自己被淹没在那些学生中，这常常会让他们觉得痛苦不堪；还有一些敏感细腻的男孩，偌大的学校以及无休止的喧嚣让他们不胜负荷；还有一些男孩会感到焦虑和恐惧；有些男孩甚至完全拒绝去上学。

父母为孩子选择学校和老师，为他们创造了良好的条件，这当然是重要的，但却不是孩子成功的保证。大部分男孩都有着自己的想法，其成功还取决于其他的因素：男孩的年龄越大，他们就越倾向于和同龄人在一起，同龄人的态度比父母的态度更有影响力。

父母如何引领

父母对孩子在学校的健康发展有着积极的影响。当然，男孩在学校遇到困难的时候，父母并不热衷于从自己身上去寻找原因，这是可以理解的，有时候这么做也是解释得通的。孩子许多在学校发现的问题不是在学校发展出来的，而是从家庭带过来并在学校呈现出来的。

父母应该承担起责任，为男孩更好地胜任学业作出积极的贡献。在青春期前和青春期开始的阶段，父母对男孩的这种支持和陪伴尤为重要。再往后拖，男孩变得越独立自主、越自信，就越不容易被说服被命令。因此，在男孩 15 ~ 16 岁的时候，他应该有坚定的方向和组织能力，能够独立去完成自己的学业以及主动去完成相关的作业。

西蒙的父母有些担心和不知所措。他越来越退缩，在学校几乎什么都不做，他从内心已经放弃了学业，或者只想上一节课。他也好几个星期没有打扫房间了。父母已经黔驴技穷。父母将西蒙带到了心理咨询室，事情很快就搞清楚了：这是一段缺乏领导力和明确指令的关系。西蒙罹患了严重的抑郁，且需要帮助。我觉得儿童青少年的精神病房更适合他，但他不想住到那里。协商之后，我们同意他先在门诊就诊，以便做出诊断并寻找到一个好的解决方案。

父母需要为男孩做些什么？他们需要为他们的儿子提供一个明确的指令，去鼓励他们，并帮助他们做好时间管理。如果他们主动去解决教养本身的不适感，而不是将其丢给教育机构，如果他们及时和男孩学校的领导者进行协商，尽可能在必要的时候为男孩建立坚强的后盾的话，就可以更强有力地支持到他们。

以下为您提供一些建议。

给孩子明确的指令

父母对待学校教育的明确立场为男孩的教育提供了良好的基础。学业的成功主要靠勤奋主动的学习和练习，而不是灵光一现。然而很多男孩更愿意相信天赋要比勤奋更有意义。男孩自己会发现，学校不是游乐场，他们的父母也会告诉他们这种想法有一定的道理。但是这不是唯一的甚至根本不是最重要的事情。努力很重要，但是应该和学习的愿望结合起来。否则，就只有压力和屈服，对男孩没有好处。这种压力是朝向内在的，它时刻压迫着男孩的内心，会以攻击性、自私自利或贬低他人的方式向外表达出来。因此，来自学校的明确的指令对于每个孩子而言都是宝贵的支持。

乌里自己的学习生涯就不怎么顺利。他那消极的态度已经传递给了他的儿子。在一次谈话中，乌里发展出了一种新的态度，他想要传递给他的儿子："在学校，你必须付出努力，有时这会困难重重。但这是我们无法逃避，必须要去面对的！"

明确性还包括对男孩真实的觉察，如其所是。当孩子分享他在学校的生活、在学校的体验和应对方式时，父母应该用明确而温暖的关注来陪伴他，这对于他是否可以发展自己的动力并进一步发展下去起着决定性的作用。行为动机的基本核心是渴望被看到和被感知到。和父母稳定的关系、父母的在场和他们对男孩的兴趣是社会认同和积极关注的形式，是爱的明显标志。对男孩来说，贯穿一生的动机就在这里生根发芽（当然也会随着人生阶段的不同而发生变化）。

对于父母和男孩来说，在和学校相关的事宜上有一个稳定的边界感也是很重要的：我该在哪里喊停，男孩该在哪里开始？许多父母很难有一个明确的自我边界：他们不能和男孩保持一个合适的距离。“我能理解你的感受”，这不是共情，这时男孩感觉自己就像是父亲或是母亲的一部分一样。比如男孩在学校表现不好并因此受到批评，父母就会觉得是自己受到批评似的。遇到争吵时也是如此——他们会立马出现和男孩类似的反应；在他们真正了解发生了什么以及老师对男孩的看法之前就无条件地和男孩结了盟。在这时，父母应该进行批判性反思，并去觉察自己的反应。这有助于男孩明确地意识到：他们必须要独立自主地去处理自己的问题，而且这很必要。明确的边界意味着去感受男孩的感受，和他们有所联结，但是同时又要放手让他们去为自己的行为负责任。

给孩子有效的鼓励

明确的父母相信男孩的潜力、学习能力和毅力。如果他们在这种信任的背景下对他进行鼓励的话，影响力是巨大的。“我敢肯定，你可以的，证明它！”“你可以做到，上次你就搞定了！”表达对他们的信任，这是一种充满爱意的认可方式。如果男孩感到沮丧，而父母去共情他们，那也是很好的支持。比如，“你的意思是你觉得搞不定，是这样吗？”“你现在对这个没有什么兴趣？”但是当变成纯粹的怜悯时，父母就偏离了他们支持男孩的本意。他们不是站在男孩身旁，而是越过了他。“哦，可怜的男孩，他没有必要去承受这一切。”

“你可以做到的！这不会压垮你，然后你会为自己感到高兴，并想要给自己一些奖励呢！”

“我喜欢你这样，你总是关照到所有人，菲尼！”

“太棒了，菲利克斯，我确定你知道自己在做什么！”

鼓励意味着毫无保留的单纯的认可，因此，这种表达要比“还不错，但是你可以做得更好”更有帮助。

• 鼓励是认真而严肃的，不能敷衍了事

头也不抬地说着：“是，做得好。”这几乎是一种侮辱而不是鼓励。如果总是对一些不言而喻的小事赞美和欢呼的话，并不会真正对孩子产生刺激作用。过于笼统的赞美会让人变得依赖和不够自主，过度单一的赞美会适得其反。如果觉得他做的什么都好或是很了不起的话，男孩就会变得骄傲自大或是在没有赞美的时候就不再相信自己了。

• 鼓励需要关注和精确性

“做得好，我为你感到骄傲。”这太模糊了，男孩需要具体的鼓励：“今天，你已经学会了所有词汇，并且在写作时只犯了一个错误，你现在英语学得这么好。”“你真的可以为自己感到骄傲！”

因为我们更容易接受批评，所以对于鼓励，我们需要一些下意识的行为。鼓励的练习可能很有用，例如，一个“优势日”，一个增进自信心的“幸福日”：约定只关注这一整天的优势，并相互交流。或者，当访客来访时，邀请所有的人，只记录下优势，并将其命名。例如，当陌生的成年人鼓励和支持男孩时，就会激发他们的积极性，并使他们充满自豪感。

偶尔表示一下欣赏、一周表扬一次是远远不够的！对于男孩来说，最好的鼓励是：持续不断地、恰到好处地、一次又一次下意识地予以关注，并针对其优势和努力给予赞赏。鼓励通常意味着男孩是值得信赖的：这通常比他们自己感觉到的信任还要多。男孩经常陷入困境，要么设定了一个难以实现的很高的目标，当他们意识到这目标无法企及的时候会很快地陷入失望之中；要么因他们定的目标太低而陷入平庸。鼓励通常需要父母准确地知道男孩现在所处的位置、他能做到些什么、他将会达到哪种程度。

- **良好的反馈也是鼓励的一部分**

要做到这一点，父母需要仔细观察。一个良好的反馈需要传达给男孩这样四点信息：他在哪里、他能做些什么、你相信他能做到些什么以及下一步能做些什么。这对许多父母来说会比较难，他们以为给男孩一个“好”的等级就是一个充分的反馈了。其实他们仅仅是给男孩颁发一个成绩，而不是去给予真正的反馈，通常这是一个充满羞耻感和毫无意义的体验。我们常常不知道应该怎样去鼓励孩子，因此我们必须要去学习并多加练习。

我经常在咨询中遇到一些非但不鼓励男孩，而且还和男孩一起抱怨的父母，他们通常把学校的作业视为一种可怕的要求，这会削弱男孩的自信心。总是和男孩一起抱怨学校的苛求和负荷，使他无法现实地对自己的能力进行评估。父母过低的要求以及小心翼翼地去照顾男孩的敏感性，这只会使他高估自己，让男孩陷入幼稚的狂妄自大中。当然，父母可以和他的儿子因为在这个阳光明媚的周末还有一堆作业而发牢骚，但是更应该一起去考虑一下如何能挤出时间，使全家人无论如何都能够去郊游。

男孩可以独自完成作业，自己背运动包，自己解决许多冲突，因此这些情况下他们不需要有人来庇护。溺爱和纵容只会让男孩变得依赖和不够独立。鼓励、反馈、幽默、给予男孩充满信任的引领，这样男孩才能够变得更强大，并体验到自我效能感。

特别是对于较小的男孩，“问—说—做”技术对学校作业的完成很有用：

我现在要做什么呢，第一个作业是什么？

啊哈！我应该写一个故事。

这个故事是怎么开始的？我写下第一句话，然后再读一遍。然后我问自己：它应该怎么发展下去？我先把一些要点记录下来。

让孩子大脑获得充足的休息

在学校的学习需要花费孩子大量时间。父母可以在这点上支持男孩：给孩子预留出足够的时间和空间。在繁忙的日常生活中要做到这点并不容易，但是如果对时间的把握足够好的话，男孩会受益匪浅的。在下面两种情况下，孩子需要充足的时间：复习所学的内容、做作业或是准备考试或小测验；另外，大脑用来处理信息的时间也非常重要。休息（停顿）是很重要的，以使得大脑皮质中的信息被“沉淀”，例如，在单词学习或是家庭作业之后。

因此，大脑每天都需要一段较长的调整休息时间，来处理和巩固经验和所学的东西。所以，男孩需要充足的睡眠。在青春期以前，父母有责任确保这一点。同时，尽可能明确的协议也是有帮助的。

电子媒体，例如计算机、手游、游戏机和电视，是一种低门槛被动的娱乐方式，男孩们喜欢用它来打发空闲时间。目前一项让人印象深刻的测试表明，这些电子设备会影响孩子在学校的表现。男孩带游戏机去学校会让情况变得更糟糕。视听媒体对许多男孩都充满极大的诱惑，他们很难摆脱对它们的迷恋。它们吞噬了孩子很多的时间，并占据了其大脑大量的空间。毫无疑问，电脑和手柄控制游戏是真正的学习破坏者。

这不是在妖魔化媒体，也不是去提倡全面禁止这些媒体，它们有其意义和价值。但是在时间管理上，男孩需要父母的支持来进行调节。他们需要的很简单：一段充足的时间以确保男孩的大脑来学习，一段充足的时间来休息和睡眠，使得大脑可以加工处理所学的东西，并且避免所学的东西不会马上被覆盖并因此被删除。

活跃的男孩特别需要安静的时间。他们必须要安静下来，去领悟、去感受自己，和自己独处。男孩在下午和晚上需要休息时间，以使得他们可以很好地在学校度过次日早晨和中午的时光。男孩在家的时候最好可以保持轻松愉快的心情，至少保证自己在喧嚣的日常生活中可以有片刻安宁，或是干脆到外面的大自然中去。因此父母需要花时间来照顾孩子，尽可能地慢下来，使自己和儿子不被匆忙所淹没，这个时候你只是简单的陪伴就好了，没有什么要求，也没什么要做的。

这些短暂的瞬间能够提供更多的安宁，父母亲可以询问男孩这些问题：“你怎么样，你现在觉得如何？”在做作业的空当给孩子一个拥抱，在吃饭之前握一下手，让孩子在完成数学作业之后稍微站起来一会儿，深呼吸，伸展一下四肢，然后再继续学英语。

勇于担责不推诿

学习、上学、教育和发展——所有这些对男孩来说并不总是令人愉快的，对于需要和他们一起去做这些的成年人来说也不会有多舒服。因此，那些非常重视教育中的明确感和亲密感的父母，自己承担了一部分令人不那么愉悦的教育任务。他们会操很多心，包括帮他们的孩子逐渐熟悉、掌握规则，遵守规则，如果不遵守的话，他们还会或多或少地感到不舒服或是不得不去承担一些后果。他们帮助男孩慢慢去控制他们的冲动：不要总是想说的时候就说，而是等待谈话中有了合适的间歇再说；不是盲目行动，而是三思而后行；他们帮男孩克服挫折，不让他们独自出现在舞台中央；他们帮助男孩去意识到需求不一定总是要马上被满足，而是可以延迟满足，或是根本满足不了。

一些家长能力有限，没有办法把他们的爱带到关系中去。他们这样理解他们的关系，在家庭里以和为贵，想永远都做最有爱的父母或是只以好示人。但是他们也会意识到，男孩必须要学习并掌握很多东西。人生不是只有快乐，也并非总是一帆风顺，不可能没有冲突，不可能不费吹灰之力就得到好处。因此，这留给父母一个问题：如果事情进展不顺利，他们就需要去要求、激励男孩。这种感觉一点都不好，因此越来越多的家长倾向于让别人背这个锅，尤其更喜欢让学校来承担：学校应该去操心这个部分，让他们的孩子努力学习，发展出责任感和自律性，完成学校布置的任务，适应团体。他们希望学校能够正确教育男孩，并使他重新走上正轨。他们希望学校严厉一些，这样他们的孩子就能更好地配合自己。

但是显而易见的是，即使父母因为工作等原因导致能和孩子待在一起的时间少之又少，但为儿子这些品质打下基石是他们的任务，如果任务没有及时完成，这些难题在儿童后期或是青少年期总是会“卷土重来”的。因为当男孩嗅到这种责任被推诿的味道时，他们也会允许自己这么做。众所周知，孩子通过模仿来学习，他们的做法会和父母如出一辙。这样一来，他们就不用为他们的失败负责任，而是由别人来承担；然后他们就需要其他人来调教或监督自己；最后他们转过身来说一句：“不是我，是他！”

即使是困难重重，家长也应该试着自己去解决，不能单纯地希望学校教会男孩尊重或是责任感。有些男孩无疑是一个挑战，而且当父母束手无策的时候，这恰恰是在暗示父母要立马做出改变。但是许多家长会感到不知所措，并很快就放弃了。

被介绍去做教育咨询的大多数孩子是男孩。其中一个原因是父母放弃了领导权。如果父母出现不再能承担领导和责任的感觉，那么这在暗示父母是时候去寻求一个短程支持了。

父母希望男孩在学校恢复理智是可以理解的，但是学校做不到啊。有的时候家长和学校领导或者一些老师合作会很有帮助，因此和学校的负责人，比如与班主任谈一谈，在教育孩子方面达成统一战线是很有用的。学校不会去补偿父母的力不从心，它不是一个可以让男孩社会化的魔法盒。在这里，父母也需要扪心自问，以使得他们在他人的支持下，重新获得家里的明确感和领导力。

给老师补台不拆台

如果男孩在学校和家庭都受到了明确而良好的照顾，每个人都相互尊重和欣赏，那么他通常更能脚踏实地，同时目标也更明确。

因此，父母的任务是强化老师的作用。老师是专业人士，是值得信赖的。他们对男孩的洞察力对父母来说是弥足珍贵的，因为很多男孩在学校的行为通常是不会带到家中的；家长几乎很难看到孩子在学校的表现——这里不仅包括好的部分，也包括有问题的部分。一些家长一开始就把老师放在对立面，这对男孩没有好处，这会造成不必要的冲突，同时也在贬低学校的专业性。男孩很快就会清楚地注意到，学校和家长对彼此秉持怎样的态度。

两个四年级的男孩不被允许参与校外的体验课，因为他们不能很好地遵守规定，老师认为带他们外出太危险了。这两个男孩必须留在学校，在其他的平行班里上课。两个男孩的父母并不清楚这一点，然后就去找学校理论：为什么不让他们去上体验课。

在学校，老师承担引领的责任，他们应该得到尊重和重视。

一个男孩在家信口开河地谈论老师的时候，家长应该阻止他。但是，他的不满可以被认真对待，例如可以去询问他：发生了什么？在这种情况下出了什么问题？究竟是什么让你如此讨厌他？

当你的孩子在家骂老师的时候，请制止他！当然，他肯定也会抱怨和大喊大叫，但是一种笼统的贬低会伤害学校的领导、老师。这里我强烈建议家长要尊重老师、尊重老师的工作。确切地说，家长和老师坐在一条船上，纵容这种笼统的贬低也会损害自己的领导力。

也有一些家长“孜孜不倦”地拆解学校的领导力。批评老师，说学校的坏话，一概而论地去谈论老师，例如反复地强调偏见，或是贬低某个老师、质疑他们的工作等。所有这些都损害了学校的领导力。这会使得男孩进退维谷，他们很愤怒，同时也陷入了冲突之中。同时老师或是家长通常会用权威的方式作出回应：老师要求男孩遵守纪律，家长以投诉和抱怨威胁学校。大部分时候，那些家长不会想到自己有一天要为自己的态度买单。因此，父母要注意这种对学校领导力间接的贬损；父母是男孩的榜样，如果父母随意中伤学校的老师，其自身领导力可能会贬值或者变得一文不值。

西奥是位聪慧且创造力十足的男孩，他被怀疑患有注意力缺陷多动障碍（ADHD），目前正在上二年级。他总是在尝试引起他人的注意。当老师要求他现在去做作业的时候，他总会掀翻桌子。

然后老师就会友好而确定地告诉他应该把桌子重新放回去。他对此无动于衷。然后老师就告诉他必须在放学前一小时将桌子放回原位，没有复原的话他就需要和老师待在教室，并会在休息的时候通知他的家长。放学的时候，桌子还是原封不动地躺在地上。西奥必须要在学校待更久。45 分钟之后他把桌子扶了起来，两个人离开了学校。妈妈在门口等着他：她把他抱在怀里，心痛不已，并义愤填膺地骂老师可恶。

当然，接纳学校领导力并不意味着不允许批评与反抗。如果老师玩忽职守，如果男孩被虐待或被不公平地对待，这时男孩当然是有权力反抗的，父母也需要给予男孩强有力的支持和帮助。这时候父母的任务就是要保护男孩，不卑不亢地去面对老师或学校领导。家长要态度明确，并进行积极的干预。

学校的环境和氛围对男孩的成长很重要。而男孩的行为举止很大程度上取决于父母的努力。如果有领导力的父母能够与孩子建立明确的关系，那么男孩就会很容易去认同老师、去接受和遵守规则，他们会更有团体适应能力，更愿意努力去接受学校制定的目标和学习形式。

第5章

Jungen brauchen klare Ansagen

家庭冲突高发地带的明确引领

无须妖魔化电子产品与游戏

如今，多媒体使用已经成为仅次于学业成绩的家庭第二大冲突源。

游戏机、电脑以及手机成了许多男孩最重要也最具有吸引力的休闲媒体。它们为男孩们开辟了一片轻松、有趣以及令人兴奋的虚拟空间。电视可以开拓视野，寓教于乐；电脑的学习项目也促进了个体化的教学。男孩们在社交媒体上聊天，他们学着运用语言，他们边写边读，可以提高语言表达能力和反应能力；男孩甚至可以在“球类游戏”中学到东西，并提高相应的技能，例如视觉处理、空间视觉或是反应能力。一些男孩被一些极具吸引力的暴力型的角色扮演游戏所吸引，比如“魔兽世界”或“使命召唤”，在那里他们能够感受到自己的能力，体验到成功，学习社交技能。

视听媒体对男孩具有如此高的吸引力的原因之一是：男孩在使用电子媒体时，大脑的奖赏中枢得到了前所未有的激活强度，而这是家长的赞美以及一个好的成绩所不能企及的。

原则上，我们没有理由去妖魔化电子媒体。男孩也不会单纯因为使用电子媒体而变成一个古怪的书呆子或是变得神经错乱。视听媒体、智能手机等是现代生活文化的一部分，对“数字原生代”的年轻人来说更是如此，这些媒体本身是没有什么问题的。

过度使用视听媒体的男孩一定会出现问题的假设，在某种程度上遭到了驳斥。研究表明，那些在媒体使用上出现问题的男孩大部分都来自有问题的家庭。从这个角度来看，媒体本身其实并没有什么问题，恰恰相反，男孩的问题会导致其对媒体的不当使用。他们总是越玩越厉害，也越容易失去边界，从而将家庭带入紧张的氛围并进一步地将矛盾激化；男孩也会变得越来越回避问题——一个螺旋式的堕落从此开始了。

斯文说自己有很多的朋友，但是你再仔细问的话会发现他根本不认识他们。他们都是网友，一起玩电脑游戏的虚拟玩友。斯文现在根本受不了现实中的男生："他们只会踢足球或到处闲逛，都很无聊。"斯文精通电脑技术。对他来说，每天在电脑上挂十几个小时是家常便饭。后来他说话越来越少，不再和家人一起吃饭，也不再遵守规则和承诺，这才引起他妈妈的重视。她告诉他她要切断保险丝——她也这么做了。这彻底激怒了斯文，他开始暴跳如雷并动手打了妈妈，她手足无措，只好报了警。也就是这种矛盾的激化使斯文和母亲开始了教养咨询。

为了防止男孩变成"数码小白"，我们必须学习如何应对电脑、游戏机、手机和其他媒体的诱惑。如果男孩不具有这种能力的话，就不能使用这些电子设备。另外，这些视听媒体也确实被证实会带来一些负面的影响，诸如浪费时间、导致学习成绩下降。过多使用也会损害健康，例如房间里有电视的男孩普遍会更胖一些。视听媒体是如此迷人和充满吸引力，以至于许多男孩无法通过自己的力量去找到健康使用的边界。因此男孩需要父母的明确引领。

在咨询中，无所不在的智能手机总是亲子矛盾的中心。本诺的妈妈不想让十四岁的他把手机带到房间，但是却无计可施。本诺晚上打开手机，玩游戏、上网或使用社交媒体，有时候玩通宵。我的建议是：手机不应该带到卧室，显而易见，这种诱惑太大了。下次见面的时候贝蒂娜讲了本诺对于这个建议的反应："那是不可能的，我需要一个闹钟！"贝蒂娜惊呆了，一言不发。经过一番反思，本诺自己也笑了，他也意识到这个功能确实有更实惠的替代品。他按照自己的审美买了一个闹钟，晚上睡觉时把智能手机放到了客厅。

在什么范围内使用电子设备属于健康使用，以及到什么程度会出现副作用，这个界限是很难确定的，也是因人而异的，男孩之间有着很大的不同。对于一种"极速类"的游戏，一个十四岁的患有注意力缺陷多动障碍的孩子玩半个小时就会觉得不胜负荷。其他同龄的小孩玩了两个小时还处于兴奋状态中，等到他的兴趣逐渐降下来，直到不想玩儿可能还需要个把小时。事后他既不会觉得精疲力竭，也不会特别紧张，他会觉得满意且放松。许多有趣的事情都亦如此，全面禁止既没有意义也解决不了问题。有用还是有害是一个标准的问题。

伦纳特今年十二岁。在家里关于游戏和看电视的问题总是层出不穷，尤其是周末和放假的时候。为了一次又一次地去测试这些游戏和媒体究竟有多么的重要，通过协商我们商定了在节假日（一周）设定每年两次的"无媒体日"。在征得伦纳特的同意后，这个协议是针对所有人的。坚持一两天之后，伦纳特竟然没有什么怅然若失的感觉，他的父母也很享受从手机和图像中抽离出来的时光。

因此，并不是所有男孩都会出现多媒体使用成瘾的现象。毫无疑问，确实有很多孩子迷恋电脑、游戏机或罹患网瘾。当他们不能无限制地使用这些多媒体的时候，会出现相应的症状，如震颤、强烈的不安或是攻击性。男孩比女孩更容易电脑成瘾，至少是两倍的关系，其他的一些研究表明，男孩成瘾的人数可能是女孩的 9 倍。除了电脑游戏成瘾，对网络成瘾似乎没有什么性别差异（一些研究显示，电脑成瘾的症状很多不是成瘾本身，而是抑郁症的一种表现。因此，在许多游戏成瘾的面具之下，隐藏的其实是“抑郁症”）。

男孩为何会对游戏着迷

是否允许孩子看电视、使用智能手机及游戏机等几乎是所有家庭争论的焦点。尤其是在青春期和儿童后期，父母和孩子在媒体使用问题上出现针锋相对的看法是再正常不过的事情。父母担心“射击类”游戏会使男孩变得暴力，网络游戏强大的吸引力会让男孩沉迷其中。男孩们从游戏中感受到的无限刺激是，游戏总是一击即中地触动到他们的情感世界、大脑奖赏中枢和男孩的身份认同部分。有统计数据显示，男孩在计算机和智能手机游戏上花费的时间几乎是女孩的 2.5 倍。

堡垒之夜（Fortnite）是2018年最风靡的虚拟游戏，2017年7月发布了免费版本（但需要购买装备）。游戏的内容是为生存而战，一个小岛上有一百个玩家，玩家必须收集武器和弹药并战胜对手，谁留在最后谁就获胜。更高级的是，这些角色不仅会战斗，还会跳舞，一些玩家在现实生活中模仿着这些角色。一轮游戏平均持续10～15分钟，但有时会更长。许多男孩很快就被吸引了，其中一些人还会出现游戏成瘾。男孩在玩游戏时会感到兴奋，并完全沉浸到堡垒之夜的世界中，所以他们根本停不下来。

本尼今年十一岁，他这几周只要有时间就在玩堡垒之夜。他的父母没有想太多就把爸爸的一个旧手机给了他。现在他们意识到本尼变了。不知道是游戏的缘故还是青春期的原因，还是两者兼而有之？他的情绪变得极不稳定，脾气变得暴躁，而且表现得很有攻击性。当母亲提醒他做作业或是限制他玩游戏的时候，他先是爱搭不理，然后就会说一些过分且恶意中伤的话。

对父母来说，堡垒之夜之类的游戏和其他让男孩爱不释手的应用程序是一种巨大的、不容乐观的、真的要努力去克服的挑战。对于许多男孩来说，他们几乎无法在没有支持的情况下戒掉游戏。堡垒之夜的成功恰恰就在于玩家可以一次又一次地重新开始。在很多情况下，这种“永无止境”并不会让男孩上瘾，但是会有这种倾向性。在这个问题上，父母要去问自己，如何能使孩子在一定限度内玩游戏。

父母对游戏以及游戏对男孩的吸引力的问题上经常会草木皆兵。但是为什么那么多男孩会对游戏表现出如此的认同呢？原因在于，许多男孩从游戏中看到了他们被浓缩了的生活状况：他们的感受、他们的觉察、社会对他们的要求（为了在持续的社会和经济竞争中生存下去，他们需要坚持不懈的努力，有时候也要允许自己稍微跳一会儿舞）。

此外，“堡垒之夜”令男孩们如此兴奋，还因为它涉及征服、战斗、防御等男性主题，并且游戏玩法也提供了同样丰富的挑战和即时性的奖励。游戏扣人心弦，而且能找到社会归属感（“大家都在玩”），为了更好地融入圈子，男孩必须要对其有所了解。它不是“射击游戏”，虽然他在操作上也涉及暴力，但是被射伤的角色并不会流血也不会痛苦，暴力只是用来将对手赶出游戏（就好像人们并不是真正地讨厌你）。失败的一方会再次尝试，想要表现得更好；赢的那一方想要再次获得那种良好的感觉，以让自己觉得自己很棒。这就致使游戏得以无限地循环下去。尤其是年轻的男孩可能无法或者很难再次发现这一点，他们感到沮丧，并认为下一轮自己一定能搞定。每一个远方的对手、每一个路上的宝箱，以及每一个小小的成功都会激活他大脑中的奖赏中枢，并分泌多巴胺。

如何限定游戏时间和次数

父母应该在孩子开始玩游戏前及时并持续地向他们传达以下两点：尽管玩游戏的体验很好，但是需要有限度；对冲动的控制（即能够调节自己的情绪和行为）是必不可少的。那些能够控制自己“想要一直玩”的冲动和渴望并接受父母设定的界限的男孩，能够更好地去处理游戏带来的刺激。

自上而下的严格规定比较专断，很容易激发男孩的情绪。为了在媒体使用方面更好地引领男孩，父母应该在关系平等的基础上去做一个有能力的伙伴。尽管忧心忡忡，但父母们最好以一种尽可能放松的态度去接近“堡垒之夜”，或者可以把它当成一项儿子感兴趣的崭新而陌生的活动。

为了能够真正拥有发言权并与男孩一起商定良好的规则，父母需要的不仅仅是焦虑、评价和约束，还有他们自己的实践经验。这会帮助他们亲身体验堡垒之夜（或下一个爆款游戏）的玩法是什么、让男孩欲罢不能的是什么，以及它是如何做到的。自己玩上几轮的话也能够提高父母的能力并帮助他们了解孩子，他们可能会亲身体验到游戏的兴奋和冲动点以及是怎样吸引到玩家的。

即便如此，最大的挑战仍然是：如何商定有效的规则。大众对于用游戏作为奖励是不是一个好办法一直存有争议。我对这种策略也持有批判的态度，因为它很容易被父母用来操纵男孩，而对于男孩来说，游戏更加会成为他们生活的意义。商定规则是基于父母和孩子双方的需求；规则可以与条件紧密联系在一起，例如：在作业完成的情况下，在运动、练习钢琴等之后。对于堡垒之夜之类的游戏，僵化的规则无法很好地发挥作用，限定游戏时间对这个游戏来说并不适合。如果在获胜之前严格遵循时间设定强行关闭设备，会让男孩感到非常沮丧。可以允许他一周玩两次，这样就可以有充分的时间余地，因为一轮可能需要十分钟以上的时间（例如，将其记入每周的时间账户中）。

数周以来，父母由于堡垒之夜几乎每天都会和本尼发生冲突。他总是无法遵守父母设定的规则，他总是觉得被束缚和不公平对待。他只要一玩，智能手机就会被锁一天，因为他没有遵守他不想接受的时间规定，这出戏一再上演。然后大家一起放下冲突，对情况进行了公开讨论，最后达成了一个停火协议。本尼指责他的父母根本不理解他，因为他们不想去理解。放松下来之后，他们答应花些时间去理解本尼，而不总是想要短、平、快地处理问题。本尼也答应要试着对父母关于时间的提示先做三个深呼吸，而不是马上进行回击。然后就这样休战了几天。先是父母真学聪明了，并自己去玩了一下这个游戏，也能够理解为什么本尼会觉得这个时间规定有问题。然后他们一起制定了一个更有效的计划：每个星期最多六个小时，时间要很精确，本尼每周最多可以玩两次；如果他的时间账户上还有剩余的话，他可以在周末的时候用完，即使已经玩了很久。

如果父母在一开始的时候经常去询问游戏相关的问题，并给予陪伴，这样对男孩来说在设置规则时就更容易接受。

尽可能早地向孩子解释游戏的魅力是一个好的开始。如果成年人对这种兴趣没有太多的偏见的话，男孩的态度也会变得更积极。而一旦男孩建立起防线，那么兴趣就不会转为沉迷。

频繁、过度地玩游戏与成瘾的界限不太容易界定，关键在于孩子是否因为玩游戏严重影响到学习和生活。如果男孩由于玩游戏而导致成绩下降，对其他活动（体育、业余爱好等）突然不再有兴趣，或者男孩表示他不再想去上学，父母就需要采取措施了。如果他真的因为游戏而不再去上学，变得越来越宅，经常独自坐在电脑前，午饭也不再吃，那就是不正常了。

如果家长还不能确定，可以（并且应该）及时寻求专业咨询的帮助，可以是电话咨询或在线咨询。此外，情况严重的男孩可能会被送入儿童和青少年精神病医院。

如何制定电子产品的使用规则

与孩子一起协商电子产品使用规则通常会引起强烈的冲突，但也提供了一个沟通交流的机会。家长可以就此与孩子进行价值观念、责任的讨论，同时也给自己一个继续学习和发展的机会。

对男孩来说，学会合理使用媒体也是他们发展的一个重要的组成部分。因为做出选择、评价和决定都需要边界，需要知道对我来说什么是重要的、什么是更有意义的。父母提出他们的期待，孩子们说出他们的愿望，然后协商一个孩子可以自由使用电子产品的范围。为了让协商的框架真正得到遵守，规则要明确、执行要到位。如果已经规定晚上8点关闭电脑的话，就不要再有协商的余地。如果没有遵守约定，或在8点5分时电脑还没有关闭，那么就会有以下的后果：第二天电脑全天关机（直接拔了电源）。即使是第二天学校有个特别重要的研究需要在网上做也不能破例（紧急情况下，如果因此不能完成作业的话，就需要写一个解释性的道歉信声明）。家长在协商时也要将后果说清楚，切忌简单地作出反应（例如径直关掉电脑，男孩会将其视为一种粗暴的干预或是攻击性的行为）。

在上学期间，男孩对视听媒体的使用时间应该控制在什么范围内？站在父母的立场，这里有一个经验法则可以使用：年龄除以 10 就可以得到一个相应的媒体使用时间。就 13 岁的孩子而言，就是 1.3 小时，大约 1 小时 20 分钟。

在电子产品使用协议中，除了使用时间的规定，还要规定父母应该知道孩子社交账号的密码。

许多家长会试图回避这种争端。尽管他们看到了危险，也觉得多媒体是对价值观以及家庭和谐的一种冲击。但是他们最终还是放弃了，因为他们觉得束手无策。如果不让男孩在家看电视或是玩游戏的话，他们就会去朋友那里玩；如果不给他们买游戏机，他们就会去和那些有游戏机的孩子一起玩。这是一种很普遍的现象。但是即使会出现这种回避行为，父母用明确的态度引导男孩也是非常重要的。

为了休息和放松，男孩们需要充足的睡眠。这就是为什么他们晚上需要戒掉媒体的原因。由于媒体的诱惑实在太强大了，所以 16 岁前最好不要让男孩睡觉前把电子设备带到卧室。因此，在睡觉之前，笔记本电脑、智能手机、游戏机、电视、掌上游戏机等都应被拒之门外。睡前如果想听音乐，推荐使用收音机、CD 机、MP3 等播放器，单纯的听觉通道刺激对睡眠的干扰较小。

学习任务完成后，可以用使用电子产品作为奖励吗？不可以。电子产品释放的信息会超出孩子大脑的处理能力，后果就是，之前学到的东西不会被巩固，而是被大脑删除。为了让孩子所学的东西能够在大脑中被记录下来，最好在学习和游戏之间有两个小时的间隔。写完作业之后来回走走或是运动一下，听听音乐、聊聊天或是听听收音机，所有这些都比玩电脑游戏要好得多！

如何帮助孩子应对社交媒体中的霸凌

在互联网上还潜伏着其他的风险。孩子在网上展示或是写了很多他们在现实生活中不会做或是不会表现出来的部分。“埃里克是同性恋！”“看，玛丽亚有多胖！”他们迅速敲出这种带有侮辱性的言语，附上图片和评论，并发布到 Facebook 上面。男孩既是网上暴力的肇事者，也是网络暴力的受害者（如威胁、贬低、霸凌）。由于害怕“牺牲”男性形象，许多男孩很难及时寻求支持。父母应该知道孩子在虚拟世界中在做什么，以及在他们身上发生了什么。男孩也必须让父母了解自己的网络活动。这样父母才能在必要的时候介入，给予男孩支持和帮助。这并不是说让父母像秘密特工一样，存储和分析孩子所有的蛛丝马迹。

但是他们应该对孩子在电脑上的活动表现出兴趣，要时不时地在他们的身后多晃一晃，而且为了安全起见，父母最好要知道他们的密码。谷歌的高管埃里克·施密特在接受《时代周刊》杂志采访时建议：“在 18 岁之前，父母都应该有孩子社交账号的密码。这没什么好商量的！父母必须要知道自己的孩子在做什么。”父母没必要时时刻刻监控，但是当他们发现一些反常情况时，必须可以这样做。当然，当父母知道密码以后，男孩就会顾虑更多，也会更理性一些。

年轻人在社交媒体中展示自我：展示他们喜欢的、正在做的事情、旅行照片和自拍照等各种照片、运动健身或是业余生活。这些社交平台不是虚拟的乐园，而是实际生活的一部分——如果不加以重视，它真的会变得很严峻。Instagram（照片墙）已经发展成为网络霸凌的重灾区。批评和伤害更是屡见不鲜，网络霸凌已经变成普遍现象。在一项研究中发现，1/6 的人表示自己曾被欺负（对女孩来说这个概率为 1/12）。同时，超过 1/3 的受害者说他们无法再去相信任何人。这甚至有可能会导致抑郁甚至自杀。

多数的霸凌最开始是言语性的，然后会扩大蔓延到其他形式。他们会在社交媒体上发一些尴尬的视频，会在照片下面评论，比如“减肥吧！”“看起来像个同性恋！”“荡妇！”“真是丑爆了！”。随着 Instagram 变得越来越令人瞩目，越来越多的迹象表明，不计其数的贬低或针对性的霸凌在上面悄然发生着。据估计，几乎每个 10 ~ 15 岁的青少年都在社交媒体中感受过霸凌。网络霸凌通常比在学校中发生的霸凌更为暴力。因为在社交媒体上进行霸凌的年轻人是没有间歇的，每周 7 天、每天 24 小时在线。帖子后面会跟着数目庞大的跟帖者和帮凶，一个人发帖到网上，会有数百个人转发。另外，隔着媒体，施暴者无法看到受害者所承受的痛苦并心生同情。因为无法觉察到受害者的反应，这种暴行就会变得更加暴力和残酷。

对父母来说，很好地应对这些风险和副作用并非易事。简单粗暴地禁止会导致男孩和社会脱节，此外，霸凌也不总是发生，而且很多霸凌也是很隐蔽的。父母对这些事情通常是一无所知的，但也要做好思想准备，自己的孩子可能既是施暴者，同时也是受害者。

如果男孩能够坚定地去屏蔽所有哪怕给他发过一次贬低评论的人，就有可能会帮到他们，或者如果出现这种问题，最好删除现有账户，注册一个新的账户重新开始，这可能会使其朋友的数量锐减，但是同时冲突、压力和焦虑也会减少。

父母的任务是明确地向男孩说明，他们可以使用这些平台，但是也应该对自己的言行负责，并鼓励他去表达正义。这包括停止各种负面的言行，停止贬低性的推送，取关或不去理会那些有攻击性的用户。另外，对男孩来说，积极主动地去支持受害者、向他们表示声援、提供帮助，这是很重要也是很光荣的。

青春期的孩子会和父母保持距离，因为他不得不考虑到父母对这些问题的反应或可能会发表的道德评论，所以当他们遇到麻烦时，父母通常都不会是他们选择求助的第一人。父母可能也希望出现一个更有能力的合适的人选——一个精通多媒体的老师或是学校里一个有趣的老师，当男孩陷入困境时，他会作为一个媒体顾问，在孩子把事情搞砸或想要表达内疚的时候，他能够作为一个值得信赖的人对他们施以援手。

电子产品不能带到学校

显而易见，电子产品会分散孩子的注意力，影响在校学习效果。

但当与孩子讨论禁止将电子产品带到学校时，总会有无休无止的争论。智能手机不仅提供给孩子一种最舒服、最放松的消磨时间的方式，而且能让他们与同伴实时联系。从某种程度上讲，电子产品也被男孩认为是身份的象征。

这些对男孩都极具吸引力。还有一个男孩们很少说出来的好处：有了电子产品，他们没有半秒钟的空歇去觉得无聊或是觉得一定要做些什么。当然，这也导致他们没有时间去弄清楚自己真正的需要。

对父母来说，当孩子外出无法通过手机和他们保持联系是让人不安的。当然，男孩们既不需要一个拴着他们的皮带，也不需要一个持续关照他们的电子脐带。父母也应该意识到，让男孩一个人独自在路上消磨这一段时光也是一件好事。尤其对青春期（特别是青春前期）的男孩更是如此。男孩的父母也必须要去适应男孩日益增长的对自由的渴望。他们会为难得的自由欢欣鼓舞，他们会忙着和朋友们扯闲话，甚至也不会再迫不及待地玩电脑了。遇到紧急情况或需要联系人的时候，他们很容易通过投币电话或求助学校的秘书的方式来处理。明确的父母会相信孩子并给予他们自己承担责任的机会。

学校和老师应在禁止电子产品进校园方面给出坚定和明确的指令，因为电子设备的干扰、影响和伤害，学生将会在学校一无所获。如果违规使用电子产品的话，这些电子产品都将被收缴到校长办公室，只有在下课或者是周末的时候才能拿回去。

考虑到电子产品对孩子的重要性，也可以采取一些更灵活的办法：这就好像很多小学会有“宠物开放日”，这一天同学们可以将兔子、鸟或狗带到学校一样，放假的前一天允许他们将电子设备带到学校来，允许每个人带来一件对他们来说最重要的电子设备，学生们可以展示、分享、介绍自己的设备，可以组成三五人的小组一起游戏，每个人都可以向大家展示这个电子产品特别的优势。然后他们再将这些电子产品完好无缺地带回家。

第6章

Jungen brauchen klare Ansagen

青春期男孩如何引领

整个家庭开启冒险模式

男孩子的青春期是形式各异的，就如男孩也是千差万别的。很多家长都做好了最坏的思想准备，并自我安慰："其实也不会有多夸张。"可就在他们晚上沾沾自喜，觉得也不过如此，并且以为儿子的青春期度过得挺好的时候，警察敲响了他家的门铃，带走了他吸毒的儿子……

青春期是一场盛大的冒险，且危机重重，无论男女，无人能幸免。青春前期最初的迹象出现在 9 ~ 10 岁，但是青春期结束通常会在 23 ~ 25 岁。青春期的变化和危机影响到家庭的方方面面。这时候，父母通常认识不到自己的作用和角色。当然，这也会让很多父母想起他们的青春岁月，只是现在他们不由自主地站到了对立面。

由于性别和职业的缘故，父亲在家庭里与男孩会有些疏离，他们对待男孩子们的青春期也往往有些粗心大意。但是如果在这个阶段儿子感受不到父亲的话，会很容易出现问题。这也许是男孩在青春期更让人头疼的原因之一。父亲是儿子的一个重要的榜样，父亲的一言一行、所思所想，男孩都看在眼里。如果父亲能够经常陪伴孩子的话，对于他们的成长（尤其是青春期）来说都是大有裨益的。在这个过程中，有效陪伴很重要，男孩需要一个父亲，一个"真正"在场的父亲。安静地坐在沙发上和孩子一起看电视是无济于事的，他们需要的是共同参与的活动。

同时父亲要保持自己成人的角色，不应该试图去成为孩子们的玩伴。这种屈尊讨好会引起男孩的鄙夷不屑。

而此刻，母亲也面临着一个新的挑战。在这个阶段，男孩们幼稚的矛盾心理通过一种新的特征呈现出来：男孩子们有时候会欣赏母亲，觉得她们很迷人，但同时行为上又会表现得有些疏离和不屑。母亲充满爱意的明确和稳定会为男孩子的青春期助到一臂之力的。如果母亲不堪忍受的时候，也应该反馈给他，当然当他表现得很好的时候也要毫不吝啬地给予表扬。有时候母亲会倾向于采用一种牺牲的姿态，但是作为男孩子“生命中的第一个女人”，母亲对儿子的要求、激励和限制对他们来说有着重要的意义。有的母亲特别焦虑，她们在头脑中预设出所有可能的灾难性画面，最先涌入她们眼帘的不是男孩子的优点和机会，而是他们的缺点和可能引发的风险。如果母亲设法去解决这个问题，会使男孩更强大，他们需要母亲看到并且认可自己的能力和特长。

对于青春期男孩的家长来说，失望是不可避免的。父母应该向儿子们具体说出他们的失望以及失望的原因，然后一切又会重新好起来。人们应该避免用贬低的方式去表达失望和难过，例如：“你总是一无是处！”“你真的让人很讨厌！”父母的愤怒或是气馁都是男孩青春期的一部分，这种体验本该如此。即使面对巨大的失望和愤怒也不要感情用事，因为这样只会破坏你们之间的关系，不仅对你没什么用，也帮不到你的孩子，反而会让孩子离你越来越远。

随着青春期的变化，男孩们和父母的关系也开始慢慢地剥离。男孩子越来越多地自行其是，即使有空闲时间也不再需要父母的陪伴。他们与父母在一起的时间越来越少，甚至对于以前那种每年非常重要的家庭节目——度假、庆祝、拜访，男孩也开始兴趣索然或是能躲就躲。日常生活中他们还是和父母待在一起。那本来就短暂的时光最好不要充满喋喋不休的批评或是劳心费神的危机处理。他们需要的是一个可以共同享受的空间，是放松的，简简单单在一起，否则你看到他们的时间会越来越少。

青春期男孩自我意识萌发，他们对权利的要求也开始“得寸进尺”，这一点特别体现在他们在学业和空闲时间的管理上，有时候他们会想做一些完全违背父母意愿的事情，父母是否尊重孩子会在这个时候一览无余。这些决定的背后除了男孩自己的愿望之外，还隐藏着一个重要的问题：我可以做自己吗？当一个高级官员的儿子想要做一个手工艺学徒的时候，这对父母来说无疑是一个很大的挑战。如果他可以笃定这就是他的选择的话，父母必须要欣然接受。

为什么男孩爱冒险、易越界

众所周知，青春期的男孩是特别的，他们和成年人有着根本的区别。一般来说，男孩比女孩更冲动，更容易受同伴的影响，会更放纵不羁，也更危险，他们抽烟、酗酒、吸毒，随之而来的鲁莽行为也会更多，在健康上的风险也会更高一些。青春期男孩在朋友面前更喜欢吹牛逞强、胡说八道；他们会尝试着跨越边界、违反规定或者出现暴力行为，从而引发各种意外。他们也会想要躲起来，将自己房间反锁起来，不让父母随意进来。

为什么男孩会这样呢？因为青春期的时候男孩的大脑会发生根本性的变化。此时“理智大脑”前额叶（也就是道德存储的地方）发展尚未成熟。基于这一原因，许多男孩无法对他们的行为进行正确预估。研究表明，当身边有同龄人在场的时候，男孩们进行冒险行为的风险会成倍增加（同伴效应）。然后大脑就会作出反应，诱导人们做出违禁和有风险的尝试。大脑变化和同伴效应使得在青春期阶段的男孩没法很好地控制自己的行为。他们就像站在悬崖边上，他们需要来自父母的明确指令和其他充满爱的引领者的支持。

在青春期，尽管同龄人对男孩行为的影响很大。但是，如果家长把所有的责任都归咎到同伴的影响上，自己做甩手掌柜的话就会适得其反。孩子选择怎样的朋友、加入怎样的群体，这在很大程度取决于父母和孩子的相处方式、他们之间维持着怎样的依恋和关系，以及他们的陪伴有多么明确。一个在童年有着稳定的价值观和良好支持的孩子，会在青春期显现出优势。青春期大脑奖赏中枢的多巴胺受体数量激增，因此，年轻人的好奇心爆棚，开始热衷于追求新的体验、新的刺激，容易叛逆和冒险。另外，他们在大脑中“有意识控制行为”的区域的发展尚不成熟，而这意味着大脑缺乏冲动控制和风险评估的能力。这也是为什么许多年轻人会热衷冒险、行事鲁莽和肆无忌惮的原因之一。

原则上这也适用于女性。但是为什么男孩比女孩更喜欢冒险、更暴力，也更容易犯罪呢？男孩体内睾酮分泌量比女孩多只是一方面原因，真正起决定性作用的是社会因素。同伴关系对男孩的影响相对比较大，男孩更喜欢三五成群，把自己归属到某个群体中，对女孩来说，一对一的关系更为重要。同时，男子气质也起到一定的作用。研究表明，当听着收音机里播放和男性气概有关的词语的时候，年轻男性更容易出现危险驾驶的行为。

而对于女孩而言，这种同伴的影响作用就会大大减少，而且她们的自控力也更强一些。规则和社会观念造就了她们“内敛”的行为特征。这对女孩的发展也产生了不利的影响——使其放不开，同时也影响了她们人格的发展，由于缺乏体验，导致她们自信心不足。另外，这也有一定的优势，由于她们不经常受伤，会活得更久更健康，也很少伤害自己和他人，也不那么经常出现法律纠纷，同时也会有更多的机会。

对于青春期男孩来说，和同龄人以及同龄人群体交往是人生和未来发展的重要部分。同伴们地位平等，同伴聚会时没有领导在场，是一场没有成人的狂欢。但是值得注意的是，男孩们在一个群体里能力的差异很快就会显现出来，头目或真正的领导者就会脱颖而出，随之而来的是“引领”重出江湖。对于男孩们来说，这和他们从成年人身上体验到的引领是截然不同的。然而，这种体验非常重要，男孩将这种引领看作一种自我掌控，这是他们进入成人世界重要的一步。

那些长得很高或早熟的男孩很容易被赋予过多的信任，这会让他们不胜负荷。相比而言，身材矮小、弱不禁风、身体孱弱的男生压力就会小一些。这种情况下，父母可以站在他们的立场上，时不时地提醒他们身边的环境以及男孩自己他们还是个孩子。

冒险、越界对男孩的积极意义

从童年期开始，大多数男孩都比较喜欢冒险。因此，处理危险对男孩的成长来说是一个重要的议题。许多孩子，尤其是青少年都倾向于去试探社会的、身体的边界，并试图去跨越它们，而男孩更容易出现这样的行为。从青春期开始这种喜欢冒险的倾向越来越明显，而且男孩更容易付诸行动。有关事故、犯罪或吸毒的统计数据也表明男孩存在较高的风险行为。

这一点在童年的时候就已经开始萌芽了。如果他们顺利克服了小小的危险，就会幸福满满、自我价值感爆棚。在青春期的时候，这种体验还在继续。那些没有负面后果的小的危险或是风险会给他们带来身心的愉悦感。然后接下来不外乎就是重复，有了“更多”的体验，那种体验之后大脑会发出信号，从而进一步推动风险行为。多巴胺充当着信使，成年人的大脑中有很多相应的受体，青少年大脑中这种受体的数量和敏感性都没有那么大，而且在青春期的时候，大脑中多巴胺受体的敏感性也在下降。很多在成年人看来很兴奋的事情，在青少年看来就没有那么激动了。因此，他们需要去体验更多的刺激。

在睾酮的刺激下，许多男孩期待着新的经历和变化。在青春期，他们变得更加喜欢尝试，也对各种形式的风险跃跃欲试，生活环境是风险最大的催化剂，而对男孩来说，他们的生活世界多数风平浪静，尤其是在学校。相比这种平淡，男孩们常常在处理新鲜刺激的情境中，在沉闷的日常生活中一些微小的、令人兴奋的、深刻的灵光一现中表现出自己的创造力。男孩在生理上的性冲动和他们想要成为男性有关，而现实中的男性气质形象或多或少是有些传统的。青少年在寻找他们作为男性的确定感，尤其是在同龄人中、在媒体人物以及实验性和娱乐性活动中。电脑游戏和手柄游戏机之所以特别有吸引力，是因为它们含有攻击性的男性主题。

男孩这样做是有社会意义的。总体而言，对风险的准备和跃跃欲试的欲望会促进男孩在青春期以后的发展，这是一条处理危险和积累经验的崭新的道路，对于他们未来的成年生活有着重要的意义。这也是男孩对那些可以制造多巴胺的情境（比如在现实生活中的危险行为、网络虚拟生活、电脑游戏或攻击性强的音乐）趋之若骛的一个原因。

与其保护不如培养男孩的抗风险能力

一个特别严峻的问题是，男孩经常表现出冒险的意愿和尝试的乐趣，而控制能力却很弱；青春期大脑发展的原因使青少年不够理性，同时同伴影响加剧了这种非理性。因此，青春期的男孩需要依赖成年人的框架，这必然会产生冲突（即典型的青春期叛逆）。比如，哪些是被允许的，哪些是不被同意的，他被允许做什么、不被允许做什么。在童年时代，当父母的指令很明确而且男孩又对父母信任的时候，他会尊重这些界限；在青少年阶段就不会再这样了，男孩尽管“事实上”依然依赖父母以及其他人的经验，但是他们还是会在青春期去摆脱这种依赖，并寻找一条专属于自己的道路。这就要求父母用明确的指令来帮助男孩度过这个时期。

当出现新的风险时，父母会自然产生两种反应：一种是保护性的条件反射，从而消除、减轻或缓解风险；另一种是禁止孩子冒险。这两种反应在孩子童年时期都是有意义的：在蹒跚学步的时候必须要避免男孩碰到家具的尖锐边缘，并禁止他们去抓握灼热的火炉把手。此外，随着儿童理性思维能力的不断提高，很多启蒙教育理念都在坚持让孩子通过自己的洞察力来做事情。从青春期开始，明确的禁令对许多男孩来说就像是一种挑衅，会徒增一种特别的诱惑。父母越是禁止，那么男孩去突破这种禁令的动力就会增加。因此，父母的榜样行为是男孩抗风险能力的首要因素。对男孩的禁令很容易被解释为一种居高临下或强势的指导，而且由于男孩的生活空间越来越大，可控性也变得越来越差，因此禁令的作用是非常有限的。

父母对孩子担心或怀疑的态度可以明确地表达出来，而且应该明确地表达出来。即使是在青春期，男孩也可以体验父母的恐惧以及那些他们完全不喜欢的事物。许多男孩在这个时期很少有社会规范和法律意识。与男孩愿意冒险的意愿一样，青春期男孩会质疑社会规范和价值观。而且来自成人的理性引导也不奏效了。父母面临的挑战是逐渐去接受他们现有的策略（积极保护、禁止、告知）不再有效。如果保护和禁令已经过时，男孩就需要发展他自己的抗风险能力。

抗风险能力是应对刺激和危险的能力，以便可以克服刺激和危险而不会对自己或他人造成有害后果。举例来说，火是危险的，因此火对于较小的男孩总是有着强大的吸引力。大多数父母并不严令禁止孩子“玩火”，而是让孩子体验并向他们示范应该如何正确应对。通过对这种风险性游戏的体验，男孩的抗风险能力就应运而生了，他们可以去应对由此产生的危险、诱惑，以使其不至于那么危险。

不同于希望消除所有风险的预防工作，抗风险能力旨在健康地处理有吸引力的危险。这些技能会被习得并延展到男孩的整个生命当中。在男孩还不会经历那么巨大的风险的儿童时期和青春期早期，父母尤其重要。父母所作出的最宝贵的贡献就在于，允许男孩在没有父母陪伴的情况下独自去处理各种有风险的情境。

抗风险能力使得危险行为和保护行为保持一个良好的平衡。风险越大，所需的保护就越强。在保护能力的学习中，父母，尤其是父亲的榜样作用尤为重要，他身体力行地向男孩示范着如何自我保护（例如在骑自行车或滑雪时要戴头盔）。但是，榜样还不足以提高孩子的抗风险能力。男孩不会在喝伏特加酒之前先去阅读有关饮酒危险的统计数据，也没有人在用青春赌明天（而不是学习）之前先去完成成本 - 效益分析。

这就是为什么抗风险能力需要从其他方面开始并予以强化的原因。

风险行为很少受意识控制，它们不是在大脑中被处理，而是和“程序性”记忆相关。它们被存储在大脑的特定位置，无需思考即可自动启用，例如骑自行车、滑雪和游泳时启动的程序性记忆（但跳舞或演奏乐器等并不是用的程序性记忆）。程序性记忆的内容主要是通过内隐学习获得的（与事实或知识学习相反，它们是外显式学习）。内隐学习是对诸如语言、社交行为或一些冒险行为等技能的游戏式或潜意识的掌握或训练。处理风险和健康生存的能力是通过经验学习的，因此男孩在童年和青少年时期可以通过冒险获得抗风险能力。

如果男孩的冒险行为被禁止或被一味地阻止，那么对男孩来说是毫无裨益的。遗憾的是，孩子们大部分时间都是在学校度过的，因为学校教育是为认知学习而非生活设计的，所以“最低风险”是学校的关键词，打雪仗、攀岩等项目通常会因为想象中的危险而被彻底禁止。但是，要想规避风险，就需要鼓励男孩冒险。从蹒跚学步，到使用操场上的运动器材，或爬树、跳伞，甚至参与一些极速运动都是男孩学习规避风险的好途径。

除了经验，为了更好地了解危险，他们还需要对风险感知的敏锐性。在孩子对冒险行为的探索中，需要大人的支持，使他们有安全感和方向感。具有人格权威的人对男孩是非常重要的。他们在孩子童年早期通过明确的“不”和暗示传达了危险的意义，例如过马路时，街上来往的车辆是不安全的。

首先，来自父母稳定、有爱的支持会有助于男孩抵抗冒险的诱惑。

无论父母的成就如何，他们与男孩温暖的、亲密的、赞赏有加的关系，以及他们自身的热情、对儿子的骄傲，都有助于男孩建立积极的自我感觉。

其次，男孩还需要规范、规则。必要时父母还要对男孩进行培训、带领男孩进行实践，以便男孩可以发展出较好的抗风险能力。父母的这种引领逐渐由男孩根据自己的经验接管，然后成为自身应对风险的一种资源。

最后，信任是风险的决定性因素。信任既来自经验，也来自父母与孩子的共同活动（玩耍、运动、业余活动以及允许男孩独自出门）。当男孩证明你是可靠的，就很容易会信任你。如果父母永远都不允许他们在无人看管的情况下玩耍，或是独自去上学的话，那么父母赢得信任的可能性就微乎其微了。在男孩青少年时期，父母在发展他们的风险管理和抗风险能力上发挥着至关重要的作用。

青春期男孩的发展任务和主题

在青春期，因为身体发育过程被唤醒，男孩对性别的社会化兴趣也再一次被激活。在童年期的时候，父母会给他们理一个男孩头，给他们穿上男性化的衣服，到了青春期，这些就远远不够了。他们变得不那么了解自己，别人也不太清楚他们到底是谁。他单独出现在一个陌生的公共场合（商场、体育俱乐部或新的班级）的时候，根本没有人认识他。因此，男性气质的模式对于青春期的男孩来说有着与众不同的意义。

为了更好地社会化，青春期男孩必须要知道怎么表现得“像个男人”。在社交媒体影响之下，男孩可能表现出优越感、狂妄自大、贬低别人、争强好胜；或通过成绩来获得地位、展现自己的能力之类的。男孩对地位的兴趣也受到传统男性形象（多与声誉、优越感、英雄事迹有关）的影响。

在青春期的时候，男孩子的心理发展进入一个决定性的阶段。青少年必须要脱离对父母的依赖，并且变得独立起来。这个发展任务非常艰巨，完成它需要消耗大量的能量。男孩子将一些成年人的男性角色据为己有，有些适合他们，有些需要调整。为了日后更好地适应自己的男性身体，他们努力学着去应对身体上的变化。

在这个阶段，恋爱关系的出现也关乎恋爱能力的发展。男孩们选择他们的生活方式，他们游走在各自的文化里。他们必须要有能力在社会上找到自己的位置，并对自己有一个明确的判断和评价。他们必须要搞清楚他们能做什么以及他们的职业兴趣是什么。

童年期身体的飞速发展已经告诉我们这不是一件易事。但是在青春期，这种飞跃式发展除了充满力量和活力（这个和睾酮的分泌有关）之外，还伴随着感受、性欲和攻击性。这会让青春期孩子在心理上不胜负荷，所以才说“没有剧烈的危机就没有青春期”。男孩的身体变成了男性的身体，他们必须去理解、搞清楚这种心理并将其整合到自我形象中去。

由于大脑区域（与理性、社会能力、自知之明以及道德相关的区域）发展尚未成熟，个人对自己的确定性也被削弱，可以说一切都在受到质疑和检验。因此我们把青春期当作发展自我认同的“第二次机会”。是时候回答生活的提问了：我究竟是谁？我是一个什么样的人？我是一个什么样的男人？小时候我的男子气质是什么样子的，它未来会变成什么样子？所有这些答案都不是绝对的，因为每个人都是独一无二的。

对于男孩来说，尽管青春期步履艰难，但是最终也会是硕果累累的：他们获得了独立自主、自由，找到了女朋友，获得了新的情感支撑点。而父母仍然在那里，他可以在需要的时候随时回去。

青春期男孩也有被父母认可的需要。他们会很讨厌自己继续被当作一个小孩子来对待（不管他们自己的表现如何、幼稚与否），总之当他们不被尊重的时候，他们会很反感。他们会去试探新的尺度下男性气质的活动空间。当然他们会不可避免地跨越边界，在这个阶段，引领型父母有一个非常重要的社会功能，那就是帮助男孩调节和纠正这种男性化的尝试，给他们提供一些必要的信息，并一再地向他们提供有价值以及批判性的反馈。

推进社会变革也是男孩在青少年阶段的一项社会功能。冲突具有引变和创新的力量。在家庭中，这种冲突通常体现在鸡毛蒜皮的小问题上。与老一辈的代际冲突——更多是发生在人与人之间的关系层面——一直都是一个社会问题。家庭越是回避这种冲突（或是感觉良好）或者从某种意义上来说害怕冲突的话，这种代际冲突就越容易从家庭转战到一些公开的场合，在过去几年里尤为如此。男孩更喜欢在学校兴风作浪，他们违反规则、和长辈对抗。那些叛逆或是反抗者大多是更有男子气概的男孩，他们也更受到女孩子的支持和崇拜。

家长和老师一定不能逃避和男孩子们的这种代际冲突，去接受他们的叛逆，然后一次又一次地重新调整，这个过程当然会让人觉得苦不堪言，但是同时它也具有重要的社会功能。比代际冲突更严重的问题是：没有冲突。那样的话，男孩子就会变成一个没有能量也没有创新能力的任人摆布的橡皮人或是不堪一击的弱者，这对社会发展而言是毫无裨益的。

父母必然要面临的挑战

不仅仅是男孩们在为他们的青春期焦头烂额，这一时段也是父母的困难时期。父母也会受到冲击，他们当年和父母未被解决的问题会再次卷土重来。

> 巴斯蒂想要组织一场聚会。当然他希望得到父母的支持。他的父亲向他伸出援手并给了他一些建议。但是巴斯蒂明确地表示，爸爸不应该插手。沮丧过后，他的父亲才注意到自己向巴斯蒂传递了这样的信息：你不能独自做这件事情，你需要我的帮助，没有我的帮助你会犯错误的。

孩子青春期对父母来说意味着丧失。父母和男孩的接触会越来越少，也很少能从男孩那里听到什么消息（以前绝不会这样的），父母会觉得被拒绝，至少觉得男孩不那么爱自己了，也越来越不需要自己了。这严重影响到了父母的身份感，他们感觉丧失了原先的角色和功能。

父母也需要面对他们引领角色的变化。从前父母被孩子绝对认可，父母制定的规则也是无可争议的，但是现在出现了180度的变化，他们被孩子质疑，他们被看作传统、迂腐、过时的代表，他们的生活方式也被认为不再顺应潮流，而是守旧的。父母可能感到不适，但应该承认这种变化的合理性，努力改变自己的定位去更好地应对这些变化，从而使得自己在与儿子的相处中行事更加得体，并获得成长。

男孩和父亲在青春期共同演绎着一部特别的电影。在这部电影里通常很难再找到认同的痕迹。不管父亲做什么，或是有什么想法，男孩统统都是不认同的。父亲这个男性化的原型被丢弃到废品厂，青春期男孩的男性气质与日俱增，爸爸被他们当作反面教材（“我才不要像他那样”），在现实的层面，划清边界意味着区别和分离。对于父亲而言，痛苦是不可避免的，但是这是他与儿子关系的一部分，男孩打小就想要成为父亲的样子，他应该为此感到高兴。如果这种变化得以成功地发生在这段关系中，儿子将来就更有能力发展引领型关系并成功地生活。在这个阶段，父亲还能感受到的一丝安慰是：在儿子随后的人生里，他们身上会带着许多父亲的影子。

然而，如果这个变化没有成功，也没有其他方法可以促进这一方面的发展的话，男孩可能会出现问题。在儿童期，对孩子来说，爸爸是充满力量而且无所不能的形象；在青春期，对爸爸的印象发生了翻天覆地的变化，爸爸被当成反面教材，男孩们需在此阶段对其进行整合，否则他们会停滞不前，无法成长为一个男人。如果他们在儿童期有过和引领有关的不好的体验的话，通常会混淆引领和男性权威。某些这类的男孩会无意识地倾向于父亲的风格，很容易受到权威行为的影响。

父母对男孩明确说“不”的意义

父母慷慨的态度会让每个男孩都欢欣鼓舞，能够慷慨地满足孩子的愿望也会让父母感觉良好。但是，父母不去满足孩子的愿望对孩子的发展来说同样重要。父母通常很难和孩子说“不”，他们担心孩子生气。生气和冲突是不可避免的，父母必须要去承受。因为孩子需要学习怎么处理失望，他们也会在这段关系中发展出另一种安全感——父母即使拒绝我的愿望，我也是被爱的。

对许多父母来说，因为时间的问题也会迫不得已地去说“不”。时间太紧张了，父母每天日程安排都很满，而且父母的能量也是有限的。因此，“不”总是要去说的，尽管通常情况下是满怀着内疚感来完成的。

但是对于消费愿望来说又是另一种情况了。因为我们生活在一个资源丰富的消费型社会中，因此说“不”就不那么容易了。如今很多男孩已经得到很多的玩具和电子产品，即使有些产品对他们来说还为时过早。在这种情况下，明确地说“不”会让男孩受益匪浅。

明确的“不”和“是”是密切相关的。只有那些允许自己说“不”的人，才能在心底对自己说“是”。父母应该事先思考一下：在哪些地方我想要慷慨？对男孩的慷慨是否与内疚感或自己的童年经历有关？这不是出于严厉或是毫无原则地说“不”，而是发自内心充满爱的表达，其中蕴含着这样的信息：有些东西对你不好，或这个对我不好，我不想要这样。

显而易见，在男孩子的体验中，即使是一个充满爱意的“不”也会让他们感到拒绝或失望。这正是父母需要忍受、男孩需要克服的。说“不”的挑战会唤醒男孩反抗的力量，并激励他们在可预见的将来成为一个有自知之明的人。被过度的“是”所包围的男孩会让自己待在舒适区，他们不愿意去解决问题。

“不”会促进男孩社会能力的增长。他们学会维护他人的权利、明确自己的立场，并会在心底明确麻烦或伤害他人的界限。父母对男孩说“不”，通过模仿学习，男孩自己也可以说“不”。男孩子说“不”的行为应该受到尊重而不是受到权力或权威的镇压。

不期而遇的引领危机

父母在对男孩的引领中经常会面临冲突，而且冲突总是会反反复复、持续不停，直到男孩离开家庭。

冲突是不可避免的，没有争论、没有争吵的童年是不成功的，当然青春期也是如此。引领危机不仅出现在父母的领导力受到攻击的时候，而且出现在父母想要逃避或者完全逃避的时候。

引领危机就是一场挑战。它意味着，亲子关系的改变迫在眉睫，成熟和进步正在发生，有些东西应该或必须被改变！没有危机就不会有决定性的发展，因此，从某种意义来说，每次危机都是一场幸运劫。

伊丽莎白愤怒而无助，她根本无法理解她的儿子，她描述了一个场景：乔纳斯从足球训练场回来，把他的东西径直扔在角落里，向母亲喊道："给我弄点东西吃！"然后他就消失在洗澡间了。

在我看来，这只是一个对引领的要求和呐喊！这里需要明确的指令，伊丽莎白必须要去正视和纠正乔纳斯的行为！

男孩"和权威的斗争"一般发生在青春期，而且总是有一些典型的冲突点，通过关系呈现、协商和改变。

一个13岁的男孩，上学日晚上11点还要出去，这已经超出了安全界限。对这种无理要求，你的回答可以是："不，太晚了，上学的时候你9点以后就不能出去了。"你可以向他解释："这是不可能的，你需要充足的睡眠。"

对于这类几乎会发生在每一个家庭里的争论，父母可以提前做好思想准备。有的时候冲突是自然而然发生的，会让你措手不及。承认这一点非常重要，因为你可能需要一些时间来反应，通常不需要立刻做出决定，此时推迟是很好的策略，这样你可以做充分的准备来阐明自己的观点。然而，在孩子青少年阶段，良好引领并非一定要坚持自己的立场，发挥自己高高在上的优势。在发生危机时，待在关系里，和儿子一起展开一场对话，这样的效果要好得多。

随着年龄的增长，男孩会变成一个认真的对手，他有能力并势在必得。这也是为什么父母要在孩子童年和青春期早期加强管理的一个原因。孩子年纪越大就越想要自由。如果父母不事先准备，或者只有一个宽泛的大方向的话，与孩子之间有关自由的协商很快就会变成一种“无休无止”的扯皮。

许多冲突是关乎自由以及男孩如何为自己承担责任的。随着男孩年龄增长和慢慢成熟，这两种冲突都会变得越来越严重。这种观点适用于所有年龄段的男孩。然而，这不是一条单行道，反过来也是适用的：父母拥有引领权，由父母确定一套基本原则，与男孩达成协议，如果男孩不遵守协议或不负责任的话，他的自由会受到限制。这个道理小男孩都明白。在孩子不遵守承诺（没有时间学习和做作业）的情况下，父母用限制零用钱来惩罚成绩不佳是没有什么意义的，减少外出时间或是缩减使用电脑的时间的话会更好一些，然后就可以让他们有时间来写作业。

给男孩明确的引领为何困难重重

引领中的不安全感和不确定性不仅会让男孩觉得困难重重，同时也会消耗成年人大量的能量！从长远来看，父母放弃引领或者为了少一些争执、多一些舒适而采用模棱两可的态度，都是不可取的。男孩为了处理这种情况或让自己感觉更舒服一些，他们会对这种“含糊不清的引领”进行回应。他们可能会挑战母亲或父亲，去挑衅他们，挑衅是为了去感受他们，以及提醒他们的使命或澄清他们的错误。男孩会明确指出，成年人已经丧失了他的引领，他们感到失望和不知所措。然后父母就会感受到一种真实的挑战，他们必须做出反应，努力保持自己的立场。如果缺乏必要的引领，男孩就会创造性地处理这种漏洞。当男孩发现自己并对自己有一个更强烈的定位的时候，就会出现一些积极的方面。当然他们也会觉得父母的这种错误毫无意义。男孩不再认真地对待他们的父母，以游戏的态度对待他们。**含糊不清的引领让男孩觉得不可预测：什么时候就到达边界了，什么时候父母会觉得受到了挑战，什么时候他们会被认可，在什么样的情况下会出现引领，或者什么时候父母会陷入一种无助的情境，忽然变得僵化和独裁，这些都是模糊不清的。**在这迷雾般的关系中，男孩体验不到义务和责任，也缺乏对父母的信任。小一些的男孩也会讨厌这种含糊的引领，这往往会让他们在青春期前过早地变得叛逆、骄横或无视秩序。

为什么今天的父母会变得如此的不明确？原因是多维的，包括社会因素和个人因素。

社会因素

过去的“棍棒”教育使父母的引领和确定性变得声名狼藉，它们被贬低为“独裁”。今天，似乎很少有人真正知道好的引领是以什么样的方式成功的以及它是怎么操作的。

在一个更大的框架之下，我们会发现我们的社会也处于引领危机之中，我们对公众人物的信任不断下降，持续保持忠诚与诚信的引领者寥寥无几。这种不信任间接波及成人对儿童、青少年的教育和引领行为。

此外，人们在家庭、邻里、社区中能够体验到的引领越来越少。过去我们偶尔还可以看到关系和教育是怎么发生的，而今天一切都仿佛是在闭门造车。养育者从哪里可以获悉，如何在家中更好地去扮演成年人的引领角色？因此，父母必须要经历一段艰辛的旅程：不断地学习，了解自己的经历，对课程和媒体中不足的东西进行重新整合，但很多人都不愿意在这上面耗费太多的精力。在这种情况下，大众媒体总是一再承诺会用简单的方式来解决所有的弊端。而这种想法通常只是昙花一现。教育和关系是极其复杂的，因此简单和绝对的方法是不存在的。

个人因素

在不明确的教育中，个体化因素也起着重要的作用。对于父母来说，这有着特别的意义，因为改变个人要比改变社会容易得多。

（1）恐惧与焦虑

有些父母担心被孩子看作坏父母，从而会衍生出一种焦虑，担心养出一个问题儿童。那些处于完美主义高压之下的父母总是会很谨慎，而且很难稳定而自然地待在关系里。还有一些父母担心犯错，这会让他们在教育孩子时摇摆不定、犹豫不决："也许我对儿子的态度有些过分了？好吧，那我以后就尽量对他宽松一些，然后就一切都会好起来！"这种没有经历挑战、不曾被明确要求的男孩会变得无欲无求、骄傲自满。这些问题通常会在很久以后才会慢慢显现出来。

许多父母在生活中感到压力重重，仅是日常生活就令他们筋疲力尽。与男孩有关的规则、冲突或争执需要耗费额外的时间和精力，而父母已是不堪重负，这导致很多父母有意识地去避免这种（必要的）争论。他们也因此放弃了自己的价值观和立场，把引领权出让给男孩，这当然不可能有良好结果。男孩（女孩也是如此）需要父母作为引领者，父母必须把对孩子的引领放在日程的重要位置上。值得一提的是，父母这种全新的引领态度可以在整体上减轻所有家庭成员的日常生活负担。

在消费型社会，一些父母害怕自己不如别人，比如担心别人家孩子有的东西自己孩子没有，男孩会因此收到很多和他们年龄不相符的礼物。

父母的恐惧和焦虑对于引领关系而言是有百害而无一利的，因为它使男孩获得了无上的权力：让父母害怕、可以毁父母的名声、可以触碰父母的底线。最后，父母让孩子变成了一个敲诈勒索者。

（2）内疚或羞耻感

许多父母总是为他们陪伴孩子的时间太少而感到不安。为了弥补，他们不计后果地去避免与孩子的冲突，尽量去满足孩子的消费愿望或自由的愿望。如果儿子不满意的话，父母很快就会变得难以忍受，出现内疚感。很少有自信的父母会对自己的引领感到羞愧。当父母受到外部影响或其他观点左右的时候，坚持自己的引领恰恰也为孩子做了一个榜样。

（3）父母混乱的内在状态

与儿子建立明确的关系，最重要的障碍是父母缺乏内在的引领许可。

在专制（独裁）行为中，受害者的体验会在极大程度上妨碍成年人行使引领权。还有一些过于理想化的教育理念，比如反独裁教育或是家庭会议，有时也会适得其反。

父亲或母亲内心的空虚也会妨碍他们的领导力。父母给予男孩引领是责任，在任何情况下都不应该放弃，当父母缺乏安全感、缺乏自信心或由于自尊问题导致内在空虚的时候，他们就需要外部的东西来填补。然而男孩无法帮助父母解决他们的问题，也无法去填补他们的空虚。在这种情况下，父母应该为了自己或儿子的利益寻求外界的帮助。当父母可以很好地照顾好自己的时候，孩子也可以从很多方面受益，他们会如释重负，不再为成年人的幸福承担责任。因此，他们就会拥有必要的空间来满足自己的需求以及自我发展。此外，他们也可以从父母的行为中学会如何为自己承担责任。

如何给男孩明确的引领

无论父母是在已婚状态还是离异，无论父母是一起抚养还是单独抚养孩子，都需要给自己的儿子指引方向以及提供明确的指令。理想情况下，父母可以互相补充，并通过一致的行为和方向来表达温暖、亲密和明确。父母之间的性别差异也可能会导致对孩子投入的不平衡，一个做得太多了，另一个做得太少了，通常妈妈做得太多，爸爸做得太少。这和我们的传统性别形象有关。恰到好处的性别概念可以促进男孩的发展，使其过上幸福的生活。因此，对于男孩来讲，父母的角色或分工最好不要过于刻板和僵化。

就如每一段关系一样，引领也同样带有性别色彩，参与者的性别涉及机遇、问题和挑战的提出。这在含糊不清的情况下或是危机中尤为重要。一方面，男孩寻找并将父亲作为男性、母亲作为女性来体验，这是立竿见影的；另一方面，父母也会将他们的性别带入和儿子的关系中去。引领的四种性别组合是很有意思也是很重要的：女人和男孩、男孩和女人、男人和男孩、男孩和男人。

女人和男孩

从某些方面来说，母亲和男孩的关系会更容易些。在童年早期，男孩对母亲就滋生了共情和爱慕，男孩将母亲视为一个爱的客体，并且想要娶她。这种内心的悸动也可以在母亲的引领关系中被激活。男孩想要取悦母亲，他想要被喜欢或是为了她而完成任务，他可能会表现得很迷人。母亲尽管处在一个成年人的位置上，但是会远远地欣赏这个儿子，有时候会滋生出一种对骑士般的崇拜。这种关系品质会让引领显得更容易和自然。

但是与此同时，女性的引领还是有其局限性，特别是对男孩的引领。传统观念要求女性可爱、内敛且善良；她们应该去维护和谐，要有母性，要会照顾别人，还要有点小天真和小无助，还要保持好身材。尽管作为个体，她们是截然不同的，或者她们决定不去展现自己女性化的部分，但这种期待还是会落到女性的肩膀上。这种刻板印象总是有影响的。对于一个成年人来说，成为一个明确的、极具引领气质的母亲会影响到她们内在的女性形象。

此外，至少在传统意义上，在母亲的原生家庭中，引领角色通常是由男性（父亲）来担当的。父亲代表着外部社会以及某种具有社会意义的东西，他在家庭里拥有权力。这种认知是普遍存在的，从而使女性承担引领角色会更难一些。

最后，引领的社交形象也是有性别色彩的。我们倾向于将领导者想成一个男性，一个身材高大、声音铿锵有力、举止洒脱、气宇轩昂的男性。当一个女性明确或是直截了当的时候，她就会被认为“不够女性化”。领导者的社会形象与女性气质相冲突。

在这种想法和经验背景下，母亲很难做出明确的引领。许多人很难在引领中不带出自己女性化的部分。引领不符合“女人”的身份，因此这种想法常常会（无意识地）阻止她们自己成为领导者。

还有一个影响母亲和男孩的关系的点：男孩是男性。有些母亲现在还是会试图阻止女儿展示她们的稳定性和领导力。令人惊讶的是，对男孩的态度就完全不同了——即使他们还小。很有趣的是，这背后隐含着性别动力：对男孩男性的部分，母亲会拔苗助长；但母亲作为女性，不能或是不允许去反抗男性。

这种性别影响会让她们觉得不舒服，但是也还能克服。女性的传统观念被幸运地瓦解，越来越多的母亲成功地克服了那些残余的阻碍。还有一些无意识的残留物会使母亲们在关键时候退回到原来旧的模式中去，继续要求父亲承担引领角色，自己变得不确定、和善，但是这对男孩并不好，所以母亲应该下意识地去强化自己的优势。

当然，在任何一个年龄段，女性都可以轻而易举地成为一个好的领导者，对自己的儿子也亦如此。一个明确的母亲不会受传统女性化标准的限制。恰恰相反，通过对男孩的引领，母亲的女性特征都得到了改善。有时候对女性来说困难在于缺乏相匹配的积极的榜样，她们只能在自己的家庭里去寻求引领风格。当然要是她们费点精力，再动用一些想象力的话，就可以从女性传记中找到一些好的女性榜样，下意识地将她们作为女性来感知并告诉自己和他人，女性当然是适合当领导的！

男孩和女人

原则上，男孩可以很好地应对女性的引领，但是有一个先决条件，即他们要学会和理解男女平等。他们最初是从父母那里学到这种体验的。父亲和母亲当然是会有所不同的，在与他们的关系里必须要清楚的是，尽管他们存在着差异，但是从根本上是平等的。经典的“等爸爸回来再说”已经过时了，尽管男孩在一些细微的差别中还是时不时地能感受到父亲比母亲更具有领导力。这种“男的更有领导力”的想法对于男孩来说是有害无益的，因为这与平等是背道而驰的。原则上，父母有着同样的领导力和责任。此外，在引领上，父亲和母亲不能互相对抗，而是要彼此合作——父亲支持母亲对孩子的引领，母亲也要支持父亲。

妈妈不允许看电视，但罗宾又试着和爸爸说了一遍。

爸爸说：“听着，如果妈妈说了不，那就是不。”

同样重要的是，男孩的男性气质也是独立形成的。他不能为了显得更有“男子气”而贬低女性。女性应该与男性处于平等地位，但不幸的是，这种平等尚未在社会中真正实现。男孩们察觉到这一点，并将其作为一种参考。他们自己可能也会形成这样的印象，男性比女性要略高一等。在成人的身份中，母亲和其他成年女性的地位高于男孩——成年人要略高于儿童和青少年。然而，与此同时，女性在性别地位方面略低一等。在引领冲突中，男孩子的机会就来了。在他们看来，这是一比一的，究竟谁说了算是值得为之一搏的。

事实上，母亲必须有意识并果断地发挥领导作用，即要发挥自己的引领作用。然而情况是，母亲作为引领者不是那么自信，她们在引领中感到不确定，因此很容易就交出她们的领导权，并陷入无助。采取进攻的立场对她们来说着实是一件很难的事情。

但这是不利于男孩发展的，因为他们需要母亲稳定的态度，来避免形成大男子主义。从某种意义上来说，母亲是男孩心中女性形象的原型。因此，他如何接纳母亲成年人的位置，会辐射到他日后的整个人生中去。在我们的社会里，接受女性的引领对男孩来说非常重要。当与女性教育者、警察或女性领导打交道时，为了彰显其能力，有时候他们会用错误的性别概念挑起暴力冲突，或者会以失败告终。因此，母亲和其他女性必须发挥自己的引领作用，很好地履行自己的职责，这对男孩未来发展至关重要。

男孩越大，对母亲的需要就会越少。如果母亲并不是一直都随叫随到的话，反倒可以为自己增值："等一下，现在我没有时间。""你先开始，我马上就到。"对男孩来说，这些话语是很好的。

男人和男孩

父子关系的两个主要动机：一方面是竞争，另一方面是身份认同。从父亲的视角来看，这些动机影响着他的领导力。过去，子承父业被认为是一件理所当然的事情：至少要有一个儿子接他的班，或者接管他的农场或企业。现今，这种强制性继承模式在很大程度上已经被消除了，尽管如此，在家庭中这种愿望还是以一种隐匿的方式存在着。

> 父亲的领导力随着对女性的声援而提高，他向儿子展示了“性别平等”的含义。这就是为什么他需在必要时进行干预，例如：“请停止轻蔑地谈论女人，那不是你应该说的，想想你刚才到底说了什么。我觉得这很不尊重女性。”

当父亲认同儿子的时候，会让男孩滋生出一种平等的感觉：我们都是男人，我想要成为你这样的人。这种感觉有助于关系改善，这对父亲来说也是一种诱惑。但过度的认同会影响父亲明确的引领。有时候父亲对男孩过度地感同身受，以至于失去了自我。过度认同会影响到父亲作为引领者的角色，使他变得不明确甚至混乱。

相反，如果父亲把儿子当作竞争对手，这首先是一种联系、关系和联盟。在这里会再次出现引领的问题：男孩想要知道父亲是否能够守护好他的位置，即使这个男孩质疑和攻击他，甚至在个别学科（足球、滑雪、计算机等）上击败了他。即使这样，一个成熟的父亲依然可以保持他的引领，并动态地（根据男孩年龄的增长）对其进行调整。这样男孩就能够很好的成长。他的父亲向他传达了一种稳定性，从而可以更好地发展安全感和自我效能。

即使在父亲的角色中，传统阳刚之气的腐朽残余也会在不知不觉中起着作用，尤其是在引领方面。这对每个男性来说都是一种挑战。作为父亲，他必须避免回到父权制的传统。他应该谨记，引领不代表不惜一切力量去维护僵化的原则。引领的关系是鲜活且弹性的，有时候它与保持清醒和“坚持自我”有关——但是成功的关系当然也是可以协商的，你可以去说服对方达成你的意愿。

人格稳定的父亲更容易成功。不够自信的父亲有时会在竞争中感到焦虑——特别是当男孩进入童年后期和青春期时，权力斗争和男孩的攻击性变得更剧烈的时候。他们害怕失去“一家之主”的角色，并将这种竞争视为一种人身攻击。然后，“虚弱”的父亲往往采取过度的攻击性反应。如果情况变得危急，那么一些没有安全感的父亲将诉诸武力——惩罚、威胁、贬低、殴打。父亲的行为加剧了权力问题上的引领冲突。父亲滥用作为父母被赋予的权力，有时候甚至无情地惩罚男孩。有些儿子直接屈服，有些儿子放弃并中断关系，有些儿子试图抗拒。在每一个发展阶段，这种情况对男孩来说都是一种过度的挑战，对于父亲的软弱，男孩反应更强烈，父亲也因此失去了引领权。

男孩和男人

男孩也要去处理竞争和认同的议题，但是以自己的方式。通过共情、追随和平等的愿望，儿子承诺要从父辈的力量中得到一些东西。当父亲将自己伟大的一面分享给他，并让他洞察自己的世界、价值观的时候，他求知若渴并享受着它。现实中，影响力和力量与性别的关系也越来越小。尽管如此，男孩还是想要去了解和感受他对成年男性的认同，并感知男性的引领是怎样的。首先是他对于父亲的引领方式的体验。这是男孩进一步发展他的男性气质的基础。

然而，随着男孩年龄的增长，男孩对父亲的认同会变成一个问题。如果男孩只能通过对父亲的认同才能获得引领的话，那真的不会有多少。男孩逐渐会寻求对其他男性的认同，比如老师、教练等。 此外，男孩也从媒体人物那里获得引领。媒体人物的经历将男孩拉入和父亲的关系中。男孩会去比较，并将自己的东西带入关系中。他发现父亲并不完美，并能够逐渐地用他自己的理解反驳父亲。这时候，男孩对父亲的认同就变得越来越少了。

在童年时期，爸爸一直是男孩的竞争对手。尽管他爱他、钦佩他，但在男性的层面上一直存在着“谁更强大”这样一个问题。这一直都是男性气概中不变的主题。它告诉男孩，男性的美在于力量上的竞争（女性的美在于内敛或是美丽）。在此，引领的问题就应运而生了。父子之间的冲突就这样神话般地被加剧了，在今天依然如此。在与父亲的竞争中，男孩和父亲争夺这块男性气质的蛋糕——责任和权力。和父亲竞争，会让男孩觉得好玩又有趣。只要男孩还是一个孩子，父亲就总是占上风的。随后到了青春期，冲突会愈演愈烈。要注意这又是父亲的任务。儿子在这个阶段会表现出悲伤，尤其是在他觉得父亲没有认真对待他的时候。男孩的期待充满矛盾：一方面希望父亲能够承受得住他的力量，另一方面又希望他能同时为他让步。**相对来说，男孩同时需要这两者——向父亲发起挑战，同时期盼得到恰到好处的回应。**

父母如何互相补强

有一点是不言而喻的：除了和男孩的关系之外，父母之间的关系也很重要。如果他们都可以认同彼此的父母角色，就可以很好地帮到男孩。任务的分配很简单：父亲支持母亲的引领，母亲支持父亲的引领。双方从中获益，男孩也是如此，他发现自己身处明确的情境中，不必陷入复杂而暗潮汹涌的引领混乱中。即使会出现问题，有领导力的父母会避免在儿子面前就引领的问题发生冲突。如果双方关系出了问题，应该私下进行澄清，如果有必要的话需要从外部寻求支持。

有时候父母会不经意地表现出对彼此引领风格的不满。比如，有的父亲不尊重母亲的决定。他们不是去支持对方或是共同讨论，而是不假思索地做了其他的决定。还有，有些母亲在照顾或是关心男孩方面，不太会去考虑父亲的想法。母亲更清楚，他们的注意力都放在儿子身上，想知道他需要什么，以及怎样去满足他的需要，他们把父亲降级为一个“副驾驶”。这种对彼此的贬低对男孩来说是非常困难的。除了父母在中间扮演了一个坏榜样之外，还会使他们陷入忠诚的冲突中。父亲和母亲之间形成了等级关系，同时男女之间也有了优劣之分。这导致父母双方都丧失了领导力的底线。

就像任何形式的关系一样，引领关系在不断地发展和变化着，错误和挫折也是必不可少的。对于男孩来说，更为重要的是，他的父母和周围的其他人要勇于犯错并为自己的不完美承担责任。因为既然他们不是非要完美的话，男孩也不需要做到完美，60%的完美就足够了。

同样，任务的分配在小家庭的框架外也是同样适用的，例如祖父母的任务是支持孩子父母的引领。做到这一点最简单的方法就是去觉察孩子父母所倡导的东西中最重要的是什么（有时候当孙子拜访的时候，规则就会被放宽）。无论怎么样，祖父母不要去中伤父母的教育。

如何教男孩处理愿望与金钱的关系

学会处理愿望和金钱的关系，是男孩的必修课。这门课和学校的数学课最大的不同在于：男孩不止可以在教育中学习这门课，同时也可以在生活实践中学习这门课。

金钱和消费在经典的亲子关系中是很常见的，但是其背后也涉及性别部分：在所有的年龄段中，男孩得到的零用钱都要比女孩多一些；男孩在玩具上花的钱也要比女孩多，因为男孩更“需要”，而且因为他们需要更多的技术和电子类的玩具。

如今，太多的年轻父母试图回避由金钱和限制消费引发的冲突，这不仅大大削弱了身为父母的领导力，也会影响孩子的发展。那些在金钱和物质上总是被满足的人不会精打细算，也学不会渴望和期待。如果男孩习惯这种撒娇耍泼：他们觉得只要自己足够坚持，“我想要这个，买给我”，父母最终总会通过买给他以息事宁人，这样一来，男孩对消费的需求和愿望就会与日俱增。

当然男孩需要一些可自由支配的钱（零用钱）。自由支配指的是由男孩自己来决定。即使父母觉得很困难，零用钱也要完全由男孩子自己来支配，父母不需要干涉：他买他喜欢的东西就好了，购买失误对于和金钱有关的学习过程而言也是很重要的。

零用钱最好在特定的日期定期发放（例如每周日固定打到他的卡上）。钱准时到账也是父母可信度的一种体现，是引领中建立信任的一个要素。因此，父母不应该将撤走零用钱作为一种惩罚（实际上不应该有任何惩罚）。但是如果合适的话，例如男孩造成的损失要从他的零用钱里扣除。学校用品、食物和饮料、学校午餐、卫生用品、衣物等费用都应该由家长来负担。这部分不需要从他们的零用钱里支出。找到正确的措施并不容易。而且和其他男孩也没有可比性，从小学开始，零用钱可以一点一点地增加。从青春期开始，随着需求的增加，涨幅也随着增加。然而，父母需要及时制定新的协议和规则。

当男孩想要的东西父母认为没有必要或太昂贵时，父母可以折中处理，比如让孩子用零用钱支付一半的价钱。这样，许多迫切的需求就会被解决了，而且这样做也提高了孩子的成本意识。

金钱和消费也涉及超越边界的问题。在德国，有很多很贫穷的家庭，大概 1/10 的孩子来自这样的家庭。男孩喜欢将物品或是金钱当作地位的标志来划分小团体。这种倾向在青少年中呈上升的趋势。父母应该抵制这种情况，因为团结弱者是一个重要的社会价值观。贫困的家庭负担不起去主题公园昂贵的飞机票，负担不起昂贵的电子设备。因此，父母有意识地或者下意识地降低消费水平或者不再给孩子太多零用钱，这也可以被视为一种团结行为。

许多男孩在某个时候会卷入盗窃案，大部分是关于商店盗窃的。幸运的是，他们经常会被抓到。如果只是一时冲动，而且是第一次，对孩子来说这是一个使其快速成长的经历（被抓、羞辱、向主人道歉，也许还有赔偿）。如果父母觉得有些东西来路不明，一定要耐心地追问下去，如有必要，他们也可以向警方寻求建议。

第7章

Jungen brauchen klare Ansagen

给男孩明确指令的七个关键

父母怎么做，才能向男孩下达明确的指令并使他们很明确地接收到指令呢？究竟怎么做才能向一个男孩提供强有力且又充满爱的引领？接下来我想分七个步骤来讨论这个问题。

这七个关键点彼此独立。遗憾的是，我还是没有办法向父母们提供一个终极的教育方案，其实就连如何处理和我儿子的关系，我也没有那种“轻而易举”的处方。因为教育方式和关系都是形式各异的，就好像每个人都是独一无二的。父母想要也觉得应该真诚、做自己，他们希望自己的儿子也可以如此。有时某个技巧和概念会很实用，通常一个灵活的框架就足以给一个家庭提供前行的方向。同时男孩和男孩之间也是大相径庭的，有的需要多一些引领，有的则不然。同一个男孩在不同的成长阶段也是不同的：在某些情况下，明确的指令和个性化的引领对男孩是行得通的，但是有的时候他又会不吃这一套。

多一些引领意味着改变与男孩关系的质量和强度。这七个关键点描述了如何在不使用权力或独裁的方式下去做到这一点。这个部分总是会涉及自我内部和外部的联结——与男孩之间的一个良好关系，更是一个观点和内在态度的问题。

技术起效快，而且是程序化的。但是技术仅仅只是硬件，帮不了我们多久。特别是在新的领域，它能赐予我们安全感。然而关系是不断流动和自发的，所有单纯的技术操作都会举步维艰。与男孩联结时真正的关系质量和仅仅去“表演”或是去使用技术是完全不同的。这样一来，教养就成了一种形同虚设的概念，会让男孩觉得不真实，像是故意做出的一种姿态，又像是一种冷静、傲慢以及高高在上的表达。技术本身并没有任何问题，它可以帮到我们，我们也需要技术。但是，如果不是因人而异、量体裁衣，如果只是被看作是“训练有素”，或是仅仅以“技术”的方式发挥作用的话，就会变得一文不值了。许多可以以明确的姿态和男孩相处并被男孩认可的家长，很难讲出他们究竟是怎么“做”的，以及哪些行为方式或者技术使他们得以成功，这绝非偶然，许多时候他们是无意识的，但是恰恰就起作用了。这就好像是语言，大多数人都很难说清楚，他们说母语的时候语法是怎样的或者为什么这样使用——然而不管怎样，他们的表达就是正确的。

这七个关键点呈现了一系列的可能性：它们可以使明确的关系更加井井有条，使引领更好地存在于家庭中。也许将这些关键点当作一种混合控制台来呈现是有帮助的，在控制台上有一些强弱控制器，可以设置为 0 ~ 10。如果能够尽可能地控制在中间挡，就可以称之为一种良好的引领，因为没有哪个男孩需要和父母保持一段“极高性能的关系”。没有人知道在每一种情况下秉持怎样的态度是正确的。因此，明确的关系对于男孩来说总是这样的：不断尝试以及从零开始。你在哪里应该做出一个微小的改变呢？或者为了（进一步）开发父母的技能，家长们需要找到一个行之有效的办法。这关乎方向、关乎方针路线，而不是你通过读书就可以实现的目标。

父母自身要坚定明确

如果你想和男孩打交道，你就需要对他、对自己都有一个清晰的认识。一个有意识的决定，对自己毫不含糊地说“是”是第一步：是的，我是一个父亲；是的，我是一个母亲；是的，我们是父母；是的，我们是成年人。

男孩需要父母，父母的优势会根植于男孩的人格中，也会注入你们的关系里。父母了解自己的渴望、认识和愿望、优势和劣势、能力和限制、冲动和控制力，这一点是非常重要和有帮助的。

父母回首往事有助于自己去理解：我有过哪些美好或是不堪回首的经历？在我的生活中，我有体现过权威性吗？我的父亲、母亲在清晰度、领导力和责任心方面是如何做的？我在哪里可以学习并去尝试这种好的权威性呢？在这个过程中，谁让我感到失望？

另一种方法是“权威画廊”。想象一下：你漫步在一个城堡的画廊里，墙上画的是你见过的所有权威人物。然后你离开画廊，从最早的学生时代开始，想象一下每一幅画都对你说一句重要的话。写下这些句子并思考一下：哪些代表了好的部分？您在哪里可以看到发展的机会？

父母如何起到作用，以及男孩如何认真对待，也取决于父母的决心。当父母清楚自己的目标和意愿，并对自己的观点坚信不疑，那么他们的目标和决心就可以通过言语表达出来。这对男孩会大有裨益。作为成年人，父母必须要注意度的把握，不要操之过急。

坚决果断也要在身体上体现出来。当父母自己是清晰明确的，别人也可以从他们的肢体语言以及坚毅的体态上感受到这种明确。在发生冲突的时候，父母不仅要有一个内在的态度，而且还要从身体上传达这种坚定和明确。这种身体姿态传达的不应该是威胁，而是一种自信和稳定。

尤其对于年轻和缺乏安全感的父母来说，这个有意识的决定意味着对自己所扮演的角色说“是”，并思考下面的几个问题——我需要什么？哪些地方我必须要放手？并借此确定自己的引领职责和引领能力。明确的引领与自我否定的态度是相互矛盾的。

父母健康的自我意识可以帮助他们向男孩传递并表达自己的态度。如果父母唯唯诺诺或含糊不清的话，儿子也会觉得没有安全感。无形中他会觉得自己的需要没有得到重视。

在一次采访中，一个父亲反复谈到就“权威性”进行反思对他来说有多么的重要：“有时候你不知道你在哪里就不经意地做错了些什么，而人们又会失去一些自我觉察，就好像你和男孩真实相处的过程中发生的那样。然后人们就会继续反思：我该怎么做呢？也许我应该注意到我总是不停地给他发信息，我总是那么心急火燎，总是想要控制他，总是对他抱有期待。”

明确引领需要勇气

教养过程可能是煞费苦心的，也可能是无心插柳和顺其自然的。

父母以自己的方式行事，去质疑自己，直面自己的优势和劣势，承担责任，维护和男孩的关系，这些都是需要勇气的。

对成年人来说，抵制权力的虚假诱惑也同样需要勇气。立马向男孩们展示权威，去惩罚他们，采取敌对、咄咄逼人的态度，放弃希望、中断关系、充满恨意，不受这些诱惑当然需要勇气。

去关注男孩和处理自己的情绪也需要勇气；要保持清醒，不要因为自己缺乏安全感而墨守成规、固执己见。

获得支持需要勇气。承认自己和他人的不足，承认一个人单枪匹马是无法完成的，从而去接受帮助，所有这些都需要勇气。

探索自己的引领风格

传统的父母形象会显著影响明确的个人态度。传统的母亲形象是伟大无私、从来不考虑自己、为孩子付出一切、有求必应的。这对男孩是没有什么好处的，这会让他在和女性相处时变得不确定，当他发现女性也有需求的时候会觉得难以置信，他已经习惯了母亲的那种无节制的牺牲以及对他的有求必应。对父亲的错误认知也在无意识地影响着他：父亲理所应当隐藏或掩饰自己的不安全感，必须始终表现得坚强无比、无懈可击。这是完全不对的，因为这向男孩展示了一个片面和不符合事实的男性形象，这样一来，使得男孩无法在关系中尊重父亲，并形成了一种错误的男性形象。

明确的父母更有人格魅力，对男孩来说极具支持性和吸引力。引领是没法打草稿的，它是一个自动自发的过程，它源于“自我”。你说了些什么其实并没有那么重要，男孩对父母说过的许多话都不大放在心上，最后烟消云散了，最多会留下一个模糊的印象。相比而言，父母的身体力行要有效得多。

对男孩来说，作为领导者，你在哪个部分觉得自己做得比较成功？尝试一下不同的方法：如果我耐心点、慢慢来的话，效果会如何呢？如果我说很短的句子并且让它言犹在耳的话，会怎样呢？如果我下意识地去表现得真诚、坦率的话，又会怎样呢？作为一个引领的角色，哪些能力是我应该具有的？哪些是不适合我的？这些都需要父母自己去探索。

当然，父母也可以从其他父母和榜样那里学习，他们可以从这些人的知识和经验中获益。但是父母应该注意的是，每个父母都必须找到适合他们自己和儿子的方式方法。

教养的明确性还包括捍卫自己的主权、挑战并质疑自己的领导风格。伴侣的反馈使我们免于陷入自以为是的泥潭：“你如何看待我的父母角色？在这种情况下，你对我的感受如何？”

明确和良好的引领不仅和父母自己有关，而且和男孩也密切相关。他的感觉是怎样的？他是怎么看我的？只有随着他们逐渐成长和社交技能的提高，年轻人才能积极和直接地对父母的行为给予反馈。在青春期，男孩常常没那么顺从，因为这时他们会意识到父母其实也有很多错误和弱点。但实际上，这是一个伟大的过程，同时也是一个巨大的机会，父母和男孩的关系会因此上升到一个新的水平。

你们觉得一个男孩如果听到这个会有什么感觉："我们已经为你倾其所有，如果你能再努力一点，你就会成为一个好学生！""为了让你成为一个好学生，我们已经尽了最大的努力。但是我们失败了。我们已经竭尽所能。也许我们做得不对或是还不够。"

承担责任并与男孩建立信任

信任在每一种关系中都起着重要作用：儿子可以将自己托付给父亲、母亲，因为他们保护他、包容他、爱他，因为他们代表和体现了他自己能够认可的重要价值观，他继承了这些价值观，并将其作为自己的价值观。在这一发展过程中，责任也成为一个关键词。通过父母的引领，他们得以承担责任，父母可以对他们的儿子放手。这是他承担自己的责任所必需的，因为他内在的领导力已经培养起来。明确的引领、信任和责任可以促进人际间理解、同情和正义的发展，同时恐惧和暴力也会减少。男孩越来越能对自己负责，父母不仅要为成功负责，也要为自己在教育上的失败负责，而不是去责怪孩子。

得体的举止

我妻子摔断了胳膊，吃饭时有东西从叉子上滑落下来，掉在地板上。我们那个处于青春期后期的儿子一脸清高地说："你如果这样吃饭的话，我以后就不和你一起去餐厅吃饭了！"他引用的是我们试图教他礼仪时使用的一句话。我们都笑了——为他的"精彩评论"，也为我们付出的努力（至少部分是这样的）。

哦，当父母通过孩子是否有礼貌来定义自己和自己的声誉的时候，那对孩子是多么的不公平啊。然而，为了让孩子更好地应对生活，我们要教给他基本的礼貌。在社会生活中，当其他人有需要的时候，男孩不是假装看不见径直走开，而是去帮忙；当遇到熟人的时候要打招呼；当他们乘坐公交车或是火车的时候，如果有老年人，男孩要给他们让座位；吃饭的时候遵守就餐礼仪，规范地使用餐具，不在嘴里塞满食物的时候讲话；也不在桌子下面偷偷发信息，而是在吃饭的时候关掉手机等电子设备；还有打嗝、放屁、吧唧嘴都是不合时宜的。

礼仪是通过模仿或强制来学习的。通常情况下，重复也是必要的，特别是在青春期（也许是因为脑细胞的缘故，无用的信息很快就会被删除掉）。"安东，请关掉手机，我们吃饭的时候不想要被打扰。"许多成年人经常会漠视他们一些不好的举止，无声地去对抗这些年轻人。只有在男孩故意挑起冲突的时候，他们才会有所反应。大多数时候，人们对这些都是睁一只眼闭一只眼的。然而在任何情况下，父母直接反应都要比漠视好得多！

价值观是教育中的指南针

价值观和价值取向对社会而言极其重要。在引领方面，价值观也至关重要，换句话说，没有价值观就谈不上引领。一个狡猾的政客或不诚实的经理可以有高地位、高收入，但他们不是正直的领导者。一个油腔滑调、徇私舞弊的管理者可能身居高位、收入不菲，但是他们算不上一个廉政、价值观与言行一致的领导者。

价值观在文化中得到发展、传承和改变，同时是我们指导自己行为的准则。去找出谁的什么价值观比较重要以及哪些价值观比较适用也是一种挑战。即使在家庭中也需要弄清楚这些问题，与男孩一起的生活为此提供了很多机会和可能。

父母的价值观就好像是一个支点，像一个指南针，帮助他们在养育儿女的航行中指引方向。父母去选择他们认为正确且重要的价值观。价值观不是一个具体的目标，而是一个方针路线或者是路标。由于价值观可以有各种各样的解释，说出一个价值观并不等于就知道该如何去将其贯彻实施。例如，父母的价值观是“宽容、容忍”，这并不意味着他们在自己的儿子穿一条破洞牛仔裤或者不想再去洗这条牛仔裤的时候知道该如何处理。麻烦的是，不同的价值观也会出现碰撞，这个需要家长们去掂量并权衡利弊。

一个可辨识、可体验的价值观有助于男孩的心智稳定发展。他们去寻找相关的构建——是这样而不是那样，这样是正确的，那样是不正确的。当家长以这样的价值观去生活的时候，男孩就能够找到方向。他们在这些价值观的框架下成长，随着他们的成长，价值观也会再一次得到发展。然后他们就会发现其他的，并找到自己的价值观，并将他们和父母的行为联系起来，也许他们会开始与传统的、过时的价值观去做斗争。如果父母有正确的价值观，男孩就可以发展他们自己的价值观，并同时对二者进行比较。

男孩首先通过对父母为人处世的觉察，以及他们自己对这些价值观的体验和感受来了解价值观。因此，去谈论甚至去宣扬价值观是一无所用的，它们不需要明显地表现在行为上。男孩会内化家庭里的价值观，它们将会被视为一个共同的基调和态度，将家庭连接在一起并构建出一个联盟。

价值观还传达着一些意义。我们的商业文化和媒体文化通常都是从外围向我们叩问："我怎么才能做到？"，这远比"我究竟是谁？"更意味深长。一起对价值观进行思考，意味着父母在回答男孩一直纠结的问题：我们为什么活着？我到底为什么来到这个世界上？我更大的任务是什么？有价值观的父母可以引领他们的孩子。无论走向何方，男孩最终总会回到自己身上（他自己要怎么做）。

价值观对于男孩人格的形成和发展有着非凡的意义，这同时也强调了父母的榜样作用和引领作用。价值观缺失或是无法辨识，会传递出一种对社会的漫不经心、一种无所谓的态度，这也会妨碍父母和男孩建立明确的关系。许多男孩都对价值观很感兴趣，他们直觉地去感知价值观和冲突问题。当事情有悖于他们的价值观的时候，他们会很明确地表达愤怒："这太欺负人了，这不公平！"他们用这样的方式表达自己对公平正义这个价值观的认识。当然，当这个事情发生在自己身上，或是他所在群体中的时候，会让他更加义愤填膺，比如，当一个男孩得到的冰激凌比其他人要少的时候，当女孩被优先考虑或是当裁判对另一支球队偏爱有加的时候。

法比安愤愤不平地说："老师又在指责男生在班上大声喧哗，女生的大嗓门一点都不比男生小好不好！"

所以价值观很重要，但是问题在哪里呢？许多父母和其他的教育人士都羞于为自己明确的价值观和立场代言，尤其是在自己的孩子面前，他们表现得比在其他成年人面前还要畏惧。拥有价值观并公开将其表达出来，有时候会让人觉得有些尴尬。谁知道什么是对的，什么是错的。这也是为什么成年人会隐藏价值观并对其避而不谈的一个原因。男孩感觉到这一点，并认为价值观含糊不清。他们在还没有真正意识到的时候就继承了父母的价值观，这导致关系中的价值观和态度混淆不清，容易出现各种意外。对于男孩来说，这是一个很不安全且不容忽视的情况。

花点时间，去为自己也为他人考虑一下：我秉持着哪种价值观？哪些对我来说是很重要的？我的核心价值观是什么呢？我真正为之奋斗的是什么？人们的哪些需要是不容被侵犯的？我从原生家庭中继承了哪些价值观？对今天来说，哪些是真正重要的，哪些是多余的呢？当我的儿子长大成人以后，当他想起我的时候，可能会想到我的哪些价值观？

就价值观进行思考，并去觉察自己的价值观是十分必要的。当然父母可以秉持不同的价值观并进行比对。在家庭里重要的那些价值观会隐含在家庭生活的律动中，会扎根在家庭文化和家庭氛围中；当某个价值观的意义在家庭中被拿来讨论或是通过语言呈现出来的话也是无伤大雅的。也许男孩会发现，当家庭采取一些与众不同的方法时，他们会更容易接纳。重要的是去珍视和尊重家庭中所有人的价值观。

价值观应该是一种取向，而不是一种束缚。所以谈到价值观的时候没必要夸大其词。榜样同时也应该警惕一些不当的言行，并注意要品行端正。男孩想要知道怎样才能带着这些价值观去生活，因此能帮到他们的不是道德的卫道士和苦行僧，而是那些有着鲜活和适宜价值观的普通的我们。

思考家庭的价值观

我们秉持着怎样的价值观？哪些价值观对我们家庭来说是重要的？

个人价值观

- 可靠、真实
- 外表
- 真诚 / 诚实
- 可信
- 谦虚、质朴
- 价值观和言行一致
- 勤奋
- 耐心

- 自我发展
- 善良、宽容
- 恪尽职守、责任感
- 条理
- 健康
- 占有
- 健身 / 运动
- 成绩 / 成功
- 干净整洁
- 自律

与家庭和社会互动有关的价值观

- 合作
- 享受快乐的可能
- 顾全大局
- 互助合作
- 团结弱者
- 服从
- 承担责任
- 可靠
- 团体意识
- 忠诚
- 人道主义
- 容忍
- 成人的引领角色
- 平等和尊重
- 充满欣赏的沟通 / 相处
- 在场
- 爱

大众价值观

- 男女平等
- 共同决定、全民参与、民主

- 热爱生活
- 自由（推陈出新）
- 公平正义
- 稳定性
- 节约资源、生态/可持续发展
- 富有
- 和平
- 保护动物

价值观与言行要一致

整合意味着对自己和自己的价值观保持忠诚和始终如一；一个整合的人会将他的行为与价值观很好地整合在一起，并因此变得更值得信赖。他既不会被贪婪和诱惑所左右，也不会在威逼利诱下放弃自己的价值观。整合与真诚密切相关，它也会体现在个人的日常生活中：他们是言行一致或是正直的。一个正直的人是社会化的。即使有可能打破和谐，他们也会坚守自己的价值观（整合不是零冲突，冲突也不等同于不和谐，而是充满活力的表现）。他们希望价值观能始终如一，只要某件事情符合他们的价值观，他们就会毫不犹豫地去做。他们会为自己的价值观负责。

孩子们想要一个整合的父母，他们言出必行而且遵守法律法规。他们可以去信任父母以及他们的价值观，男孩们首先通过模仿父母来习得某种价值观。男孩有意无意地会注意到他们的父母是怎样去践行自己的价值观的。父母的整合就好像是给男孩们缔造了一种对社会的基本信任：社会是有价值、有秩序且正义的。如果父母言行不一，男孩就会对他们所扮演的角色产生质疑。

贾尼克是拜仁的死忠粉。他的父亲英格不喜欢在电视上看足球赛，他骂道：“那些球员都光会踢球，头脑简单、四肢发达，大部分连高中都没有毕业。”而他却一向声称自己对所有人都是一视同仁、公平对待的。这让贾尼克很恼火。

后来英格向贾尼克解释并承认了自己的错误。

如果我们去向成年人询问他们的整合性的话，大部分会说：“当然，这个是必须要做到的啊！”也许他们的回答太过草率了。因为仔细观察的话，我们的生活中处处充满了尔虞我诈、弄虚作假和投机取巧：“奶奶要是打电话的话，就说我买东西去了”；红灯亮了，爸爸旁若无人地快步穿过马路；要小聪明逃个停车费；和别人说邻居的坏话；女教师对男孩说“没时间”其实是“没兴趣”；趁人不注意随地乱扔垃圾等，更别提那些更严重的情况了（例如成瘾行为、外遇等）。

当然这种情况不仅仅存在于父母中，其他领导者的整合性也是不尽如人意的：老师总是要求大家按时到校，而他自己上课却总是迟到；老师要求学生必须严肃认真地完成家庭作业，而他自己的课上得却是一塌糊涂、无聊透顶。当领导者不能严于律己，怎么会值得信赖，更别提有多么高的领导力了。纳税申报时搞点小动作、从公司里顺手牵羊一些办公用品、超速行驶、偶尔为之的小的保险欺诈，所有这些都会辐射到生活中，使成年人在和男孩的关系中无法明确起来。反过来也是适用的，父母和其他的养育者越符合整合的目标，他们的引领也会越稳定。

整合还包括一个人有自知之明，对自己的劣势、短处及“阴暗面”了如指掌。没有人会是十全十美的，勇于承认自己的弱点恰恰是领导者的一个重要特质。另外，无懈可击的表现其实会让人高度怀疑，因为它暗示着欺骗和自欺欺人。对自己诚实、主动承认错误是一个人的优秀品格。父母不需要成为圣人，也不需要装圣人（这个更严重），悦纳自己的弱点会让成年人变得更加值得信赖。

守住个人边界

整合还与身体和精神上的边界有关，边界就仿佛是一个人身体上的皮肤。因为它为我们提供支持和保护，因此它必须得到保护和尊重。它是连接我和外部世界（你）之间的一层保护膜。当人们谈到整合的时候，应该指的是，一个人的人格呈现出他的整体性、弥足珍贵的完整以及脆弱的美好，我们必须要使其免受攻击和伤害。

基本上，每个人都有权保护自己的完整性。帮助男孩维护其完整性是家长和其他引领者的责任。身体虐待和性虐待是严重侵犯男孩完整性的行为，而且精神暴力也会对其产生伤害。用自己的情感去淹没男孩，通过过度赞扬让他们扬扬自得，任何不清不楚的界限都会伤害到男孩，因为这会侵犯他们的完整性。

男孩自己也总是一再地忽视他们的完整性，他们没有真正认识到自己的边界。通常情况下，男孩的行事方式各异，他们重视自己的观点和立场。我们应该在这方面支持他们，尽管他们的观点不总是合乎时宜。通过整合及背后的价值观，父母可以帮到男孩——确保男孩不掉进泥潭或是在他们掉进去时拉他们出来。

当你儿子和其他人谈论某个观点的时候，如果你发现他很难找到自己的观点或者立场，你最好不厌其烦地一遍一遍地问他：你想表达什么意思？你是怎么看的？什么对你很重要？你喜欢这个还是那个？诸如此类的，也许他需要时间来找出这些答案，但他终究会弄明白。

在场与联系

对于一段明确、引领、生动的关系，只有身体在场是不够的。那些人在心不在的父母，看似是近在咫尺，实际却远在千里，没有和男孩建立真正的联结，在男孩需要他们的时候也无法及时提供帮助。因此，在场指的是真正在那里并有联结。

一起去做一件事、一起吃饭、一起做家务、一起就某些事争论和协商，这些都是各种形式的接触，它们强化并促进了父母与男孩的关系。每当接触发生的时候，就是我们建立联结的时候，这不仅可以是身体的，也可以是精神的。这就是为什么身体的碰触在和男孩的关系中也很重要的原因。在接触过程中，有些东西可以在其中流淌——我们去感受它，我们去闻彼此的味道（化学信使会发挥作用）。身体接触大多数时候会被理解为一种亲密和共情的表现。对于青春期的男孩，父母也可以采用一些略显“粗鲁”的方式。

用拳头有力地碰一下他，这也是接触（联结）！特别是在青春期，男孩更倾向于用这种更有力量的方式来表达他们与人联结的愿望。你要去觉察，但是如果他用力过猛或是弄疼你的时候，你要告诉他！

我们如何接触并建立联结，这与家庭文化和社会文化有着密切的关系。接触的形式有时候是由父母确定和形成的，例如，问候会点头，再见的时候会握手、拥抱或是碰一下肩膀。还有一些和父母建立或确认关系的小接触等。

对于可能引起冲突或遭到拒绝的事情，比如电脑、游戏机和互联网，父母可以简单地去问男孩：你一直都在玩的是什么？你喜欢它什么？它的哪个方面让你感觉很好？你最好是一开始就要对其进行观察和参与。然后，你也可以去告诉男孩你的担心和恐惧，以及你对这个东西的感知和理解。

在场意味着充满兴趣的陪伴。这里可以用一个术语“激情在场”来形容：父母和孩子处于一种深度交流的情境。这就是目前存在的最大的问题：所谓的当下是什么？就是你去关注男孩，关注关系，关注需求，关注每一个情境。这是处在当下的能力。此刻，这使得在场成为一种认可、爱和奉献的形式。这是目前对我来说最重要的，再没有其他什么。我去觉察你，我去看你、听你、去感受你。在场允许你带着一颗开放的心和男孩待在一起：他身上发生了什么，以及他发生了什么对我来说很重要。

听起来似乎很简单，但其实不然。在信息爆炸及各种诱惑存在的今天，真正的接触和真正的在场是许多父母的主要挑战。在场往往意味着努力，它需要努力才能达成。对于大多数现代人来说，在场的能力已经日益荒废。事实上，在场的能力是与生俱来的，每个婴儿都可以做到完全在场，要比他们的父母做得好很多。甚至小男孩也可以做到完全在场：当他们玩的时候、争吵的时候、聚精会神地听的时候，以及看图片的时候。这种能力后来就渐渐丧失了，他们习得了不在场：他们不知道在什么地方、什么时候开始精力分散、注意力跳跃、失去自我，他们不去感受此时此刻，而是开启了多任务模式。

想象一下，一只野生老虎朝你跑过来想要吃掉你。你会想尽一切办法来逃生。在这种情况下，你会完全在场。电话铃声或和工作有关的想法、下一顿吃什么、回邮件都统统被扔到九霄云外去了。这就是在场。

因此，在日常生活中，在场总是需要提醒和刻意决定，来到此时此刻并对其意义进行评估。任何在关系中能够做到并感受到在场的人，也能够以不同的形式去发现他们的特殊品质。因为这不是一种紧张兮兮的在场，以及自我斗争、强迫自己集中注意力的过程。我们可以在一种自主自愿的或是一种完全沉浸在此时此刻的梦里、看云卷云舒、感受内心的悸动以及即刻的那种尽情享受中找到这种感觉。

当男孩不需要或不再需要成人时会发出信号。那些关注信号的人知道何时是他们离开的最佳时机。然而，在场也很容易被误解为一种占有或控制男孩的形式。因此，在场指的不是不给他们空间，并持续不断地监视他们。严苛或焦虑的“直升机父母”，他们不断在男孩的上空盘旋，以便随时冲下来对他进行援助，帮他避开任何危险，并时刻能够以最大的限度去支持他，这些父母不是“在场”，而是一种“瘟疫”。在场还包括有意识地不在那里，离开男孩，让他变得独立，并成为自己。这需要向他传达一种他可以独立发展的信任（即使没有父母的帮助）。

此刻我全然地和你在一起

在场是引领的一种形式。如果你在和谐的日常生活中没有做到在场，那么在发生争执时，你很快就会出现问题。在不安全的关系中，冲突会飞速升级；没有稳定的相互欣赏，尊重就很容易丧失。

通常，在学校充满敌意、犯罪、暴力或臭名昭著的男孩都没有或很少经历过“在场”的引领。因此，要鼓励家长和其他教育工作者大幅度增加他们的在场，最好提前亲自去找男孩，并对他的处境感同身受。这可能意味着你要去他的房间关心他，并和他交谈。也许有必要去学校，与老师和学校领导进行沟通，并去参加家长会，表达自己对孩子的关注。当父母去那些男孩经常活动的地方，去看看他都在做什么的时候，也是一种在场的表达；这可能意味着去和他的朋友交谈，分享作为父母的担忧，并请他们给予自己支持。同时通过这种特别的在场形式发出一个信号：是的，我在这里！

“汉斯什么都听不进去，”他的爸爸和我分享了家里的情况，“他的任务就是布置一下桌子。他的房间在楼上，饭快做好的时候，我就开始喊他。他没下来。”辛贝力越来越火大，就一遍一遍地叫，而且一次比一次更大声。大概叫到第六遍的时候，他来了。如果他哪次表现比较好，叫到第三次就会出来，然后辛贝力还要特别夸赞他一番。好吧，我们该怎么办呢？

根据他的描述，汉斯无疑是一个赢家，五次充耳不闻，第六次的时候才听从，他大脑中的奖赏中枢兴奋了五次。

更多的接触和在场是正确的解决方案：当需要布置桌子的时候，辛贝力可以走到汉斯身边，把手放在他的肩膀上和他说："来，把桌子布置了。"然后就站在他旁边，直到他开始起身为止。汉斯一开始都惊呆了，但是他很快布置了桌子。这样一来二去，他会立刻回应这种直接的要求："你不用一直站在我旁边，我就去了！"事实上，这种方法渐渐地起作用了。

如何做到真正在场

然而，在场不应该仅仅用来达到某种目的或是当成一种工具来使用，在场不仅仅是"为了做而做"。严格来说，在场就是在场，是要去体验的。影响在场的通常都是内在或外在的干扰，首当其冲的是工作，还有那些我们要做出反应并分散我们注意力的刺激，尤其是数字化媒体妨碍了在场。

当你回到家以后，立马关掉手机，把它放到一个地方。如果手机总是可获得的话，会经常让你分心——这大大妨碍了"在场"。除紧急情况外，你其实不需要经常使用它。这也是一个关于自我价值的问题：在场对你自己是有价值的吗？还是别人联系不上你更严重？

许多家长说，在假期或是周末的时候，他们更容易保持在场。为什么呢？因为这些时间被不一样的东西填充着：更多和更真实的在场。很少的电子设备（或是干脆没有），也没有收件提醒信息，时间没有被这些东西充斥着，因此你可以保持"在场"。互联网也越来越多地威胁到这些神圣的时刻，即使是在度假或是周末，也在妨碍着父母的在场。作为网虫、“手机控”的你需要非常严苛的自律才能做到真正的在场和联结！

在日常生活中经常会有很多的“伪在场”。父亲们去操场和儿子踢足球，如果在去的路上打电话，或者看看是否收到了新的消息，那么他们并不是真的在场。他们会误以为真正的陪伴要从操场上或足球球门前开始。不，在路上的时间已经是陪伴时间了。有些父母不认真听男孩的朗读，或者在去游泳的路上不停地摆弄电子产品。电话响了，他们就会马上与同事、朋友开始耐心地打电话，而忽略了男孩的存在（感受）。每一个“伪在场”对孩子来说都是一种隐形的贬低和伤害。尽管身体是在场的，但是任何一个可能的分心行为都意味着对方其实并不重要，重要的事情总是在其他地方。此外，男孩往往更精通技术，因为他们的阳刚之气、他们的心理构造，也许也因为睾酮的分泌。当父母被这些科技操纵或是分散注意力的时候，这种情况（不幸的是这种情况很频繁）就会深深地刻印在男孩的脑海里：电子产品总在那里，它总是重要的、总是正确的。从最初的简单迷恋，到后来被儿子赋予了“魔幻”般的意义——“在场”可以避免这些。

在场是可以练习的，例如，请你和儿子在一起的时候试着觉察一下，尝试着分分秒秒的沉浸，然后问一下自己：我现在是不是全身心的在场？如果你有些走神，那并没多严重，你继续练习便好。很快你就会注意到：现在我是不是在神游，或者我在别的什么地方——然后再继续回来，和男孩联结上，回到现在。

要做到更好的在场，是需要自律的。这可能会很艰难。男孩也会从榜样中学习：如果你练习自律，你也是在教他这么做；如果男孩的自律发展得不好，也有可能是因为缺乏榜样（但当然也有其他原因，例如男孩在青春期“对什么都没兴趣”）。特别是在学校，男孩的任务不是跟随让他们分心的内在或外在部分，而是控制冲动，并做出决定：“我想要作出反应吗？不，虽然我对这个东西感兴趣，但是此时此刻更重要。”也许他也不想要去关注那些东西：有可能是一个垂头丧气的朋友，隔壁班一个搞笑的男同学或是漂亮的米娅……男孩通过模仿而学习，如果父母走神或是“伪在场”的话，会减缓或是妨碍男孩在场能力的发展。

父母的在场是重要、美好和温暖的。然而，与此同时，它也不需要那么生搬硬套，那些在场的人也可能会在某些情况下分心，变得不在场。但那是例外！当噪声产生的时候，总是会引起我们特别的关注。一些人为的干扰是罕见的，但大部分是重要的：当一个不速之客登门拜访，一个孩子在哭，牛奶在火上沸腾，马上就要溢出来了……父母可以把这类的干扰整合一下，然后按照紧急程度，和男孩一起完成它们。

沟通传递明确的指令

我们如何建立联系、如何交换信息，是引领男孩的重要工具。在许多家庭中，父母和男孩做到相互理解并不容易，因此家庭中的沟通问题是值得我们去注意的，特别是当父母认为男孩不听他们的，或是他们好像在和“一堵墙”说话的时候。并不是所有的对话都要使用“引领式沟通”。我们也可以“非常正常”地去聊天，只是随便说点什么，交换一下彼此的想法，对电台里的热点新闻发表一下评论，分享一些回忆或是一起赞美某道美味的食物等。在这种情况下，双方是可以畅所欲言、一吐为快的。

在我们开口说话之前，我们的身体已经万语千言。我们内在的态度和观点经由我们的身体信号表达出来，而男孩们也会解释和理解这个部分，这些信号往往比言语更有效。父母常常会低估身体沟通的力量，而高估他们的言语。因此，许多成年人只是与男孩交谈，而不是与他们沟通。

丹尼拉非常恼火，所以她开始批评简，并一次又一次地发表她新的证据和论点。大概两分钟后，他打断她：“妈妈，你能告诉我你到底想让我怎样呢？”

明确的沟通的第一步和基本步骤是关注。这里表达了一个明确的态度：去关注男孩，与他进行眼神交流，去和他进行平等交流。在每一次沟通中，父母都应该有爱意的流露，即使内容包含着批评的意味。当然，即使是和儿子发生了一场很大的争执，里面也应当蕴含爱意，但也许由于父母“威胁的姿态”冲锋在前，导致男孩没有注意到这一点。因此，身体要率先发出亲近的信号，例如在离男孩很近的地方，去触摸他的肩膀、手臂、背部，或坐在他旁边的地板上。虽然一言未发，但已是万语千言！

当然，单词和句子也是必要的。为了让男孩接收到更明确的指令，引领型父母要给孩子一个理解其信息的机会：使用可理解的句子、清晰的单词、开放的信息，真实。总之，言简意赅总是最好的选择。

遗憾的是，大多数家长会通过提问把事情搞得含糊不清。他们会问：“我们明天可以去远足和拜访罗丝姨妈吗？”意思是：“明天我们去拜访罗丝姨妈。”如果事情已经基本定下来的话，第二种版本是更合适的。否则，男孩可以公开问：“你是什么意思，我们明天应该……”这说明男孩还有拒绝的余地。

倾听和不含“但是”的回应

明确的父母最大的一个特点就是善于倾听。出于兴趣，他们会这样问道：他在做什么？他如何看待和理解这件事？当男孩去解释澄清的时候，尽量避免在回答中使用“但是”这个词，最好简单总结一下你所听到的：“你说你把赛道搭建得很漂亮，而且你玩得很开心。”然后你又说：“我觉得你留给写作业的时间太少了，我们怎么达成一致啊？”

“但是”最好不要作为你回答的第一个词。不妨和你的儿子商量一个协议：父母说的每个“但是”打头的句子，他都可以获得 5 元钱。

每个信息（事实信息除外）还包含着一种关系和一个诉求。明确的语言会告诉男孩大人如何看待这种关系，包括我引领、我有责任、我给予支持。在诉求中，男孩被告知他应该做什么或是父母对他的期待是什么。在这里，身体也参与其中，它是笔直笔直的（说明我是真诚坦率的），态度是开放的，非常自信，既没有采取威胁性的姿态，也不会卑躬屈膝或是传递自卑弱小的信号。

使用清晰、易懂的句子

（×）“你可以打扫你的房间，上周你就没有打扫，所有的东西都乱起八糟的，找都找不到，这让我很不高兴，你必须要把脏袜子放进篮子里，我已经说过几千遍了，我们先说到这里，马上要吃饭了。”

（√）“现在打扫你的房间！”

除了肢体语言之外，还有词语。明确的父母会注意单词的数量，然后适可而止。如果一个口语化的句子超过七个单词，经常就会变得难以理解。父母没必要总是详细解释所有内容并证明其合理性！男孩的大脑期待简洁的信息，然后朝复杂的方向慢慢扩展。此外，将沟通作为交换信息的手段也属于男性气质模式的一部分。特别是在青春期，男孩理解和吸收信息的潜能是有限的，因为大脑的发育尚未成熟。因此，男孩很快就会感到被“淹没”，他们感知到的只有弥漫的噪声，而对信息本身却置若罔闻。与孩子的谈话很快发展成家长一个人的独白，而男孩话越来越少，最后缄默不语。长此以往，引领的力量被瓦解，因为口若悬河使领导力渐渐变得一文不值。

建议父母们在和男孩谈论重要的事情之前，花点时间思考一下下面的问题：你想要说什么？核心是什么？目的是什么？你为什么要这么说？

明确的指令也需要休止符

明确的指令需要一个休止符，它们需要暂停和中断，这样可以使你的话言犹在耳。指令越简练就会越有效。当你去关注这个男孩正在发生的事情（例如，他目前存在的一个问题行为），你偶尔几乎可以看到它是如何运作的，但不要喋喋不休地去干扰这个过程，让他自己思考一下，然后再继续。

贾纳今年四岁，他看起来很害羞。他既不大声说话，也不怎么活跃，而且脑子里也没什么坏主意。他的父母讲起话来滔滔不绝（但是自己却没感觉）："坐在那里，脱下你的夹克衫，你想要画点什么吗？别碰那个。看看那里有什么！小心，你挡了路！快点！"

当我指出这一点的时候，他们感到很惊讶。他们之前都没有注意到，还一致觉得很正常。现在他们会对这一点多加关注，会克制一些，尽量只在必要的时候发表意见，如果有人一时忘记，他们还会彼此提醒。

当男孩提出问题时，给出一个好的解释当然是没什么问题的。但是，许多成年人首先会对小男孩们进行一番机关枪似的扫射，他们对此进行评论、解释、纠正、劝诫——虽然这些都是善意的，但有时是多余的，也是有害的。男孩从父母反馈的自我形象中学到了什么？"我不对。我怎么这么愚蠢！"对于这种喋喋不休，他体验到的是控制、支配和专制。他们还来不及自己发现，成年人就已经捷足先登了："快看这里，看那里。"这会削弱他们的好奇心并让他们感到灰心丧气。就算你不停地变换方式或是重复、证明，内容也不会更有意义或更真实。

顺便说一句，真实并不意味着一股脑说出你所知道和感知到的一切，而是指你说的和事实相符。例如，如果儿子在考试的前一天晚上已经有些焦虑不安，你就没有必要去告诉他："是的，有些东西你确实没有记住"，即使那可能是真的。除了清晰之外，明确的沟通还包括选择性的忽略：聚精会神地去听，有选择性地给予回应，偶尔用"嗯"或"哦"打断，这会让男孩感到很舒服和被接纳。

表扬和批评式反馈

对于每个男孩来说，去了解并学会处理自己好的或者不好的品质，以及长处和短处，都非常重要。这些都要依靠一些直接的反馈。和那些偶尔为之的熟人相比，父母给予的这类反馈会显得更加的举足轻重。父母应该抓住这个机会。批评性的反馈也要简单明了，当家庭成员或是朋友公开而真诚地指出他们的弱点的时候也是很有价值的。因为批评者提出批评也不是一件轻而易举的事情，也需要克服一些障碍，所以只有真正喜欢你的人才会耗费精力去给出这样的反馈。

马科斯有些恼火，因为他的母亲告诉他，他最好的朋友莱昂不想和他玩，是因为马科斯下棋的时候总是赢。"你有时候太争强好胜了，没有人总是喜欢输。"马科斯："妈妈，你这么说很过分。而且，这根本不关你的事。"安德烈娅回答道："我知道你没有问我。但是请听着，如果我不告诉你，谁会告诉你这个？有时候我们在家庭里对彼此指出的一些事情，别人永远不会和你说。"

反馈也是一种关注，男孩会在尊重中被关注。表扬是这种关注积极的一面，实事求是、公正批评是另一面。想要全面消除男孩的弱点是毫无意义的，男孩们不应该隐藏和否认真正的弱点，但是要小心谨慎地去处理它。

罗宾有时候会控制不住自己的情绪。一般和自己的朋友在一起，或是在家的时候会好一些，但是在学校他就会出现很多行为问题，他不善于和人交往，只是使用暴力，说话特别大声也特别直接。他的父母和老师一次又一次地指出他的这个问题，渐渐地，当那种感觉再次袭来的时候，罗宾也会注意到，并开始自我调控情绪了。

反馈通常是自发的、情境化的且“不经意的”。对于许多引领者来说，这是一件充满挑战的事情。它需要在场和觉察：哪些是你喜欢的，哪些是你不喜欢的。一直以来，在关系中反馈是明确的一个标志和媒介。缺乏反馈会削弱父母的领导力，增加混沌感，因为男孩根本不知道他们究竟是谁。

乔萨正处于一种男性气质爆棚的状态，所以他需要一个明确的反馈：“住口，请不要这么跟我说话！我是你的父亲，不是你的仆人！”还有一次他训练回来，直接冲他母亲喊道：“我渴！”她很不喜欢他这样的语调：“等等！我们生活在21世纪，父权制已经被废除。现在再试一次，请使用正确的语气！”

反馈的最佳时机总是“现在、马上”，即在你觉察到或是一个任务刚完成的当下，特别是对于较小的男孩。这不仅仅限于批评的情境，男孩在游戏中也经常会出现一些情绪化的反应，建议家长即时叫停，并对问题进行讨论。

任何关系的成功都离不开确认，不要对男孩吝啬你的赞美。有效表扬的先决条件首先是要对其优势和能力有所觉察。所以，那种不批评就已经是一种赞美的想法是错误的，必须给出积极的反馈。有些男孩会很希望得到赞美，许多男孩会一次又一次地渴求同伴或成年人的共鸣：“妈妈，看！”“爸爸，快看！我可以做到这个！”

通常一个准确的赞美要对准一个明确的事件。首先明确：男孩知道自己该做什么，他的任务是什么。如有必要，你也可以去确认一下，然后尽快给他反馈，强调他在哪些方面做得比较好。在更大的任务或场合，让男孩去描述他是如何做到的，并和他一起欢欣鼓舞。

通过表扬施与奖励仍然是重要的激励手段，同时也是改变问题行为的重要手段。这不是一句空话套话、阿谀奉承或夸大其词，家长应该明确指出男孩的现实的成就、能力或进步。要使用正确的语调，而不是用干巴巴的几个词语进行表扬，这并不是一件容易的事情，所以家长最好练习、练习、练习。

即使这看起来似乎不怎么经济实用，但有针对性的赞美效果最好，给某个男孩留言说：“谢谢你，你今天把浴室打扫得真的很干净！”要好过这样说：“你们（孩子们）今天打扫得超级干净。”遗憾的是，这在学校往往很难实施，这就是为什么许多男孩觉得自己只会被批评的一个原因。在那种情况下，赞美不是指向某个男孩，而是整个男孩团体。当老师说“男孩们今天把工作完成得很好”时，这是赞美，但也可能会出现问题：如果拉乌尔什么也没做，然后听到表扬，也会觉得他的表现被肯定了。

有用的批评

有些家长倾向于大张旗鼓地“表扬”男孩的积极面，而谈到批评，却宁愿睁一只眼闭一只眼。这两种方式对于男孩的自我觉察来说都是有问题的，他们没有办法去评估自己的错误，也没法从中学会如何应对批评。因此，男孩也需要批评式的反馈以便更好地发展。然而，这不是一条单行道，批评式的反馈应该是可逆的。父母非圣贤，孰能无过，为了更好地做父母，他们也需要建设性的批评；他们也可以要求男孩给出一些让自己改进的批评式的反馈或是建议。

当然也有过于严厉、苛刻的父母，但是大多数父母都不会给出明确的反馈，或是避免批评孩子。没有家长喜欢批评他们的孩子，但是批评也是一种“被看到”的形式，父母去和他们辩论，这也是一种认可对方的表现。试图避免批评和冲突只会导致更大的冲突！因此，毫无疑问，父母应该告诉男孩们令人不快的真相，并给予他们批评性的反馈。有时，在对质中需要一些“强调”和“明确”。

“利纳斯，你的作业是什么？”

“是的，我很快就完了……”

"不，我只是想知道你的作业是什么？"

“数学作业。”

“好，那就去做吧。”

“但我只是想先玩一会儿……”

“不行！做数学作业，没得商量！”

负面的反馈总是会夹杂着愤怒或失望等情绪。这就是为什么当涉及责备和批评时，会有情绪化反应的巨大危险。父母的批评不应该用来发泄情绪，从而宣泄他们对期待落空的愤怒。如果男孩的行为真的使父母很生气或是很伤心，如果父母没有完全控制好情绪或者情绪一触即发，那么此时父母首先需要冷静下来，做个深呼吸，或者换一个地方。如果可能的话，父母最好不要当着别人的面批评男孩，而是在私下里进行，这样会保护男孩的尊严。

以下是“有用的批评”的三个要素。

• 批评要及时

最好尽快表达负面的反馈，对于一个简洁的反馈而言，2 ~ 5分钟就足够了。

• 批评要具体

这里的SVF（Situation Verhalten Folgen）结构有所帮助：所发生的情境；观察到的他的行为；已经感受到的后果或影响。

• 批评时要提供帮助

批评式反馈的目的是为男孩提供支持，使其在未来做得更好。因此，在提到男孩的不良行为时，总是需要考虑如何给他提供帮助去解决问题。

在面对较大的问题和冲突时，父母应对谈话进行准备、保持冷静，并客观地处理问题。

• 我的所见所闻是什么？

• 我所看到的和听到的是怎么来的？

• 我希望这个男孩有什么不同的做法？

要求男孩解释他的行为，从他的角度来描述情况。一旦真相大白，那么就可以问他以后会怎么做或者怎样才能做得更好。然后，为他提供支持、帮助他更好地处理这件事情是更有意义的。最后，要对目标进行总结。积极而准确地提出你对未来的愿望："我希望你以后把垃圾扔进垃圾箱。"（而不是："我希望这种事情以后不再发生！"）不要把你的批评与一般性的说明或其他场合联系起来（"我们终于可以这样坐在一起，我很早就想和你说了，你没有总是……"）。要让男孩从具体的事件中汲取力量，否则他很快就会陷入一片混乱。

对于脏话的明确指令

很小的男孩有时候就会用脏话去激怒父母。他们使用这些在幼儿园或是学校或是嬉戏时学到的"骂人的话"，然后他们就会由此被特别注意到，会得到关注（即使有时候是消极的），他们体验到被他们唤起的那些情绪，以及在关系中的冲突。但是当父母自己说出这些脏话的时候，或是孩子从父母身上学到这些的时候，却是极为糟糕的。

对许多男孩来说，讲脏话也是一个有趣的领域，同时这也是对人际关系的一种考验。因此，重要的是父母要对此做出明确的回应，这可始于一个皱眉或是一个认真的眼神。如果男孩通过说脏话来激怒父母的话，这就不仅仅是一个简单的口头试探了，已经上升到违反规范、破坏规则。这时，父母需要让男孩承担一定的后果，并要求他将功补过。

要求还是请求

明确的指令还包括，当引领人提出要求和请求时，他会做出区分。要求就是要求，如果任务没有完成，如果要求没有被达成，那么就要承担相应的后果。这就是要求和请求的区别。“我想让你现在去做你的家庭作业。”“你应该现在去修改一下工作表。”“坐下来写你的文章。”这样的句子是明确的。然而，要求的压力也是显而易见的。因此，应该尽可能避免提出要求。通常，明确的引领式的沟通也会优先用请求。

但是如果你想要男孩做的事情是没有回旋余地的，你就不必事先去问他想不想。你只要明确你的目标：你想要他执行你的意愿吗？好的，那就开始要求吧！有句格言说：“没必要去掩饰你的要求。”“你想去把碗碟从洗碗机里拿出来吗？”如果以这种请求的方式提出要求，男孩理所当然地可以拒绝请求。隐蔽、含蓄的要求是一种烟幕弹。男孩们认为，如果他们不服从，父母就谴责或责备他们是不公平的。比如，“你可以帮助我一下啊！”“如果你只是想让我帮一下忙的话，那你就自己做嘛。”

对于这个广受欢迎的策略性的问题：“我为什么要这么做？”但是，你是有着充分的理由的：“因为是我说的！”这可能是管用的，但是你应该去认真对待这个问题：“请问问你自己，你真的是没有兴趣吗？或者你是希望我给你解释一下做作业的重要性？好吧，我很乐意为你解释。”这不应该以惩罚或是挖苦的形式表达！如果这个男孩对动机很感兴趣的话，那这也是一件好事，同时也可以彰显一下关系中的民主。如果父母可以证明任务和要求的合理性也是很有意义的。

请求就是请求，在引领关系中，你提出需要，然后双方获益。此时权力和能力的差异是可以忽略不计的。一段完善的引领关系是没有要求的，独裁专制的体制下是没有请求的。请求在良好的关系中得到满足，因为它会带来一个使双方都获益的结果。当请求得到满足时，他们是自愿的、开放的、具有同理心的，而且是在行为者的决定下完成的。

考虑一下：你想提出这个请求吗？如果你提出请求的话，结果是开放的。当然，如果请求被拒绝，引领者也不需要立马放弃。但是你必须要去接受这种可能性。

一个发生在父亲和他的儿子之间的成功的引领型对话

“请把客厅里你的东西收拾一下。”

“我没兴趣。”

“我知道，收拾不好玩。但我希望家里看起来是整洁的，这样我今晚就可以放松地在家待着了。你会收拾的，是吧？”

“一会儿。”

“好吧，我等你一会儿。我半个小时以后能再提醒你一下吗？”

“好吧。”

如果在请求的背后隐藏着“应该”“必须”“你的义务”“我的权利”等信息的话，那就更像是要求了。稍做留心，你就可以分辨出来。通常情况下，那种令人不安的意图只有在请求被拒绝的时候才能被意识到，然后你就会恼羞成怒或是怒发冲冠：“请现在去接你的妹妹。”“不，我在玩电脑呢。”然后会发生什么呢？“你把所有的时间都浪费在这愚蠢的游戏中……”“你必须现在马上去做！”“该死的，我都已经说过三遍了！”这些迹象都可以表明，要求被伪装成了请求。

通常，那些正好处于青春期以及对他们自己的身份很感兴趣的男孩也会把成年人的请求听成要求。为了挑起战争或是冲突，他们对要求非常敏感，时刻准备着对抗领导力量。无论如何，父母都不希望冲突和斗争发生。但是在和男孩的接触过程中，去确定彼此的位置也未尝不是一件好事。当对男孩提出要求的时候，父亲或母亲既可开放地提出请求，也可以向男孩澄清，例如：“实话说，我其实对这个很感兴趣，我应该怎样表达，才能让你不觉得我在命令你，而是我真的需要你的帮助？”

保持冷静

韬晦待时

引领需要时间，尤其是在有争端的情况下。在激烈冲突的情况下，你不必立即作出反应，但可以拖延或改变局势。白热化阶段往往不利于事情的进展或澄清；另外，时间也是一剂良药：“我们随后再谈吧。”在冲突中等待也意味着给予双方时间。这有助于降低肾上腺素水平、睾酮水平，脉搏减缓，刺激下降。这为双方提供了一个放松的空间，可以重新考虑当时的情况，三思而行。

双方的需要都可以等待，父母不一定非要在儿子正忙着的时候打断他，只是因为现在洗衣机准备好了，可以开始洗衣服了。相反，在儿子不耐烦地向你求助时，父母也可以先打完那个电话。

良好的关系质量本身就需要时间，尤其是在青春期。这是关系变化最激烈的阶段。这就是为什么要强调青春期的冲突，以便对关系进行一个新的设定。如果时间太短，男孩就会通过煽动冲突或制造问题的方式来解决。

即使对于批评性的反馈，给予时间或是等待也是一个促进发展的因素。如果男孩想要立即对批评给予回应，如果他想要为自己辩护或想要去证明自己，那么拖延一下时间可能会有所帮助。有时候，那个时间点或是地点不适合进行较长时间的讨论。这时父亲或母亲坚持他们的批评，也许会再重复一遍，然后建议说：“让我再想想，我们随后再谈这个事情。”当然，该发生的总是会发生。

为了能够很好地应付困难任务，父亲和母亲自己一定也需要时间。在日常生活中一次又一次地按下暂停键是件好事，以便去觉察自己的想法，关注并留意。另外，作为一对夫妇的时间也很重要：如果父母彼此关系很好，这对儿子也是有帮助的。为了建立和维护好的关系，为了能够在关系中和男孩做到明确、放松、在一起，当然需要时间来协调有争议的问题。

仅仅待在一起

为了和男孩更明确地相处，让他适度地和自己待在一起是大有裨益的。内心平静的人会散发出一种稳定、平静的气质。然而，我们的日常生活和现代社会需求完全打破了这种平静。永远都要按时工作的父母，他们自己一直处于持续的信息和交际的轰炸之下，他们不断用人际交往或活动来填补他们的空闲时间，以便让一切正常运转。这样的父母不是在休息，即使他们需要休息。当父母自己不会休息时，很难去组织孩子的休息时间。但，这是父母的责任。

照顾家庭也能够让自己休息：走进花园、进入森林或穿过一个公园，享受片刻的阳光，下午洗个热水澡或安静地喝几分钟咖啡，关闭所有的电话，什么也不做，每周都尽情享受一次在大自然中散步的感觉，或是在清晨上班的路上感受新鲜空气。

男孩同样要注意休息。为了能够休息，必须要找个地方，最好是在家里。许多男孩都倾向于持续高水平的活动，即使他们外面看起来很平静，但是他们精神高度活跃，神经高度紧张，一刻不闲地躁动着。学校的时间安排、丰富的休闲活动，再加上其余的行程，把日常生活挤得满满当当的。父母应该重视这一点，帮助男孩放慢速度，确保他每天的休息时间。

几点回家？几点睡？

从青少年阶段开始，男孩的视野逐渐扩大，活动空间也开始扩展，社交也有了新的特点。对他们来说，和同龄人的关系比家庭关系更有趣、更重要。业余活动被锁定在家庭以外的地方。此外，受到生理因素的影响，青少年睡得比较晚，只有在青少年期快结束时，他们的生物钟才会将入睡时间调整早一些。

随着男孩年龄的增长，他们离家的时间逐渐延长，也不得不晚些上床睡觉。究竟几点回家、几点睡觉合适，几乎没有任何标准，也不可能去确定一个标准。因为男孩和家人的需要、他们的兴趣和睡眠的需要都是各不相同的，而且每个地方和区域的休闲设施也有很大差异。

在确定回家时间之前，切记时间主权一旦授予，就很难收回。因此，家长必须要深思熟虑。如果 17 岁的他本应在上学日的晚上 10:30 回到家。如果你想让他每过一次生日，就多一点自由，那就意味着男孩每小 1 岁，晚归的时间就提前半小时。

如果男孩需要在外面和朋友一起过夜，比如在周末或某个节日，男孩必须要告诉父母朋友的姓名和电话号码。

尊重

尊重，即无条件的相互认可，是每一段良好关系的基础。如果尊重缺失的话，是不能用任何东西来弥补的。

尊重建立在信任的基础上。以尊重的方式去对待男孩意味着，去关注他，去认真地接纳他，去接纳他的需要。尊重使我们更关心这个男孩是谁，而不是他为什么这样做或那样做。

平等是尊重的基础

在他小的时候，父母就通过眼神的交流来表达他们对男孩的尊重：他长得恰到好处，不要小看他。让我们明确一下：他需要什么，他想要什么？我需要什么？我想要什么？对尊重的探寻也包括从男孩的眼睛看到自己。

尊重指的是双方在平等的基础上相遇，即使男孩长到父母那个高度，双方也应该保持一种平等的关系。因为父母更年长、更有能力、也有更多的权力，所以由他们来完成孩子不同发展阶段的教养任务。从这种方式来看，尊重是不断寻求联结和不断协商需求。

尊重也会通过礼仪来表达，例如通过礼貌和对边界的觉察。尊重与价值观密切相关，强调了他人的尊严和权利。相互尊重指的不是单纯地以自我为中心，而是通过认真地将另一个人考虑在内来传递的。

具体来说，尊重表现的是一种态度——你是有价值的。这个听起来很简单，但是对于和男孩经常打交道跌跟头的成年人来说，这并不容易。男孩已经“对”了——这意味着他可以保持原样。但是只要男孩还在父母身边，很多父母就很难不去否定他们。他被铺天盖地的劝告、解释和说明纠正着。我发现（虽然只是主观上，没有经过科学调查），目前秉持这种态度的男孩父母要多于女孩父母。在我看来，他们经常面临需要制服男孩的压力。一方面，这源于男性气质本身（男孩以后能像一个男人一样顶天立地）；另一方面，还有家长觉得要对男孩严加管教，这就导致了不断的改正和纠正。这种“长期矫正”只会让男孩更加不知所措。

事实上，父母已经和15岁的奥勒协商好了，他答应上学日自己定闹钟并按时起床。尽管这样，父亲还是每天都走进他的房间，去提醒他时间到了。这是一种不尊重，我建议他以后不要再这么做了。

父母要先表现出尊重。尊重男孩的父母也会得到男孩的尊重。男孩从模仿中学习，并跟随他们的父母。在父母要求和索取尊重时，首先要以身作则并对男孩做到基本的尊重。这样一来，在父母和男孩的关系中，父母就可以带给他信任。那些不认真对待男孩或对他们不感兴趣的父母，那些侮辱或贬低男孩的父母，那些忽视或伤害男孩感情、羞辱或嘲笑他们的人，毫无疑问也很难得到男孩的尊重。当男孩表现出不尊重的行为时，我们可以从成年人身上追本溯源。

在一段明确的关系中，随着双方年龄的增长，尊重的形式也会得到进一步的发展。成年人对男孩想法的兴趣日益增加，他们给予男孩自由并将责任慢慢移交给他。这个话题会随着家长这种行为的频率而发生变化。

在处理私人领地方面，父母也要明确地表达出对男孩的尊重。随着男孩年龄的增长，他对于个人被尊重的需求也与日俱增，父母进入男孩房间的次数也应该越来越少。不停冲进他的房间是不尊重的表现，如果门关着的时候，父母要敲门等。从他的房间撤离象征着父母对男孩人格发展的尊重。同时，儿子被赋予了更多的责任，他必须要自己洗衣服、自己打扫房间、自己起床。

反过来说，父母也应该坚持要求男孩尊重他们的隐私和“公用”空间，并捍卫这种愿望。男孩们不能把衣服、电子设备、杂志、课本或玩具丢在客厅里，或者也不能堂而皇之地走进父亲的卧室去打开电视。最后，允许男孩承担与公共空间相关的责任也表达了对男孩的尊重。当男孩长大后，他们还会被赋予更艰巨的任务：尽管整理、清洁及窗户维修等很烦人，但这种公共责任也是一种对其尊重的表达。

帕特里克使劲朝他青春期的儿子大吼着：“别在这里这么喊！”只是后来他才注意到，他自己的表现对儿子有多么的不尊重。

父母尊重孩子，尽量不要当着他们的面去和别人谈论他们的缺点。男孩经常和我抱怨，他们的父母多喜欢当着他们的面去谈那些让他们尴尬的事情（青春期、他们在拼写上的问题、肥胖、不怎么爱运动等）。他们随心所欲地去和别人畅谈孩子那些很隐私的话题，但是在男孩眼里，这和其他人根本没一丁点关系。当然，父母和朋友谈论这些事情也无可厚非，但是也要注意去保护孩子。因为孩子非常敏感，也缺乏成年人那种用自己的弱点去开玩笑的自嘲精神。

好几个家庭一起去一个能洗澡的河边远足。米咔刚刚进入青春期，非常害羞。他不喜欢在大家面前换衣服并试着用毛巾遮住自己的身体。后来他的母亲就开始自以为是地告诉他这种情况很正常，然后又十分大声地和他说：“别那么害羞，又没人看你！”她扬扬自得地拿了两块洗澡巾并冲着米咔说：“来，我三下五除二就帮你换好了。”

男孩怎么学到尊重

男孩也有尊重他人的能力，这是与生俱来的。男孩从一开始就尊重他们的父母：因为那是他们的父母；因为父母回应他们、照顾他们、理解他们；因为他们年长、有力量，而且几乎无所不知；因为男孩爱他们的父母，也希望父母可以幸福快乐。

随着男孩渐渐长大，父母怎么看待他们，他们就会朝哪个方向发展。当然这里还有很多其他因素，但是他们的行为很大程度上取决于父母对他们的信任。在这里，思维定式也起到一定的作用：那些从一开始就认为男孩没有能力去尊重他人的父母很可能“梦想成真”——亲自体验这种情况。同样，父母若相信他有尊重他人的能力，就会强化男孩尊重的动机。父母对他们的尊重会让他们觉得自己很重要；对男孩感兴趣、在社会层面上对他们的认同以及对其个人价值的肯定，所有这些尊重形式都被证明是成就动机以及品行端正的必要条件。这种充满认可的期待也会激活大脑的奖赏系统。

男孩从榜样中学习什么是尊重，一方面他们直接模仿父母对待他们的方式；另一方面观察父母在关系中的相处模式。对男孩来说，父母的关系至关重要。

男孩的尊重不仅仅是出于孝顺或是礼貌，还有可能是一种策略，或是出于恐惧或者只是一种屈从。相反，对一些男孩而言，某些看似不尊重的行为，比如叛逆、争吵或是冲突，反而是另一种形式的认同和尊重。抗争本身表达了一种尊重，他尊重那些和他有冲突的人。

男孩们从小就开始尝试着去尊重他人。他们可能会因为一点不尊重的表现就被父母打。有时候他们会对父母说一些贬低的话（“笨妈妈”“傻爸爸”），但他们并非有意为之，或者有时候只是在尝试一些新的东西。然而，无论如何他们希望父母做出回应并能够承受他们的这种尝试。年龄越大，他们对尊重的尝试就会变得更加严肃和有效。在青春期，男孩对父母的不尊重几乎成了标准化冲突的一部分。

在每个阶段，如果父母在儿子的试探中对他们表现出了足够的尊重，那么说明这对父母有着很好的稳定性。如果他们无法承受，将会失去他们的声望和权威。

如果他们先“倒下”，如果他们容忍这种贬低，感到无能为力并任由儿子为所欲为的话，儿子就会认为我是最厉害的，我可以允许自己做任何事情。

如果父母自己的行为表现得不够尊重孩子的话，例如贬低、羞辱、冲他们大喊大叫甚至动手的时候，那么这也会导致父母觉得自己的权力被贬低，并感到受伤。同时男孩也会觉得很无助，感到自我效能感下降，或者他们也同样不会尊重他人并对他人进行贬低。

基于不同的关系模式以及性别，男孩在认可和尊重的质量上与女孩略有不同。许多男孩更关心自己的地位，更在乎有没有被重视，而且也有可能在冲突和被指责中获得这些。因此，如果这种形式的尊重没有被满足，他们可能会反应很强烈。男孩通常不愿意通过和谐获得彼此和关系的确认、通过谦卑获得照顾或是领导者的尊重。对于男孩的某种行为，你严厉而毫不含糊地告诉他，这也可以被看作是一种认可和明确的信息。但这种方式却会被很多女孩看作是一种暴力性的边界侵犯或是关系的终止。在这点上，男孩和女孩可以互相学习。

为了男孩的事情进行协商的人们也要互相尊重。这其实一点也不容易，但是对于男孩的稳定性和清晰度而言，这一点是至关重要的。当成年人（爷爷、奶奶、保姆等）的观点南辕北辙的时候，会让事情变得非常的困难。

大多数男孩很了解自己的父母，也知道父母对自己某些愿望和要求的回应方式，因此他们就会看人下菜碟。当然，这并不意味着父母不能有不同的观点。但是，父母应当共同去解释和协商有争议的问题。因此，他们需要时间来做出决定："我听说这个问题了，但我现在不能马上回应你，我必须先和你妈妈商量一下。"

即使是很小的男孩也会深谙成人之间的运作：只要纠缠的时间足够

长，父母一方就会败下阵来，满足他们的需要（即使男孩之前曾被另一方拒绝过）。

> 一个有很多问题、相当聪明，但也非常不受控制、也没什么礼貌的男孩在咨询中很自豪地和我说：“我能从我妈妈那里得到所有！甚至一切！我只需要花费足够长的时间。从我爸爸那里是没有机会的。”
> 这曾是他们问题的关键。

如果父母一方出尔反尔、破坏原则的话，另一方就会被贬低，其力量也会被削弱，这对明确的引领是毁灭性的打击。从长远来看，男孩会发展出一种全能的幻想：我可以操纵妈妈和爸爸的行为，现在我想要控制一切或得到一切；当遇到挫折或是被拒绝时，他就会出现过激的失望反应。

当涉及许多人的时候，情况会变得更加的困难。例如，年龄较大的兄弟姐妹有时会越位或倾向于去支配和操纵他人，他们也必须要被限制。

许多祖父母认为，他们理应对孙子慷慨或宠溺，这当然无可厚非（例如，在他们自己的家里或是当他们单独和孙子在一起的时候）。如果在爷爷奶奶那里，男孩被允许看某个电视节目的时间超过平时的时长或是多得到一块巧克力的话，并无大碍。但是，当祖父母破坏父母的引领时，事情就会变得严重了。这些破坏行为有时是有意识的，有时是无意识的，原因也很容易找到，比如祖父母想要对孩子们好一些，他们担心孙子们会不爱他们，他们想要打败女婿或是儿媳，他们出于对自己当时严厉教育孩子的内疚，选择在孙子身上做些补偿等。

男孩有祖父母疼爱是一件好事。然而，这种接触越频繁，清晰的边界就越重要。祖父母要接受孩子父母在大事小事上的指导，允许有不同的看法，在一些重要的问题上也可以和孩子的父母去讨论，但最好不要当着孩子的面。

简想要一个奶酪面包，就把奶奶给他涂好的果酱面包咬了一口就放在那里了。在吃晚饭之前汤姆应该好好地坐在自己的位置上。他不停地绕来绕去，直到爷爷说："你想坐在我的腿上吃吗？"他们的母亲这时就很明确地对简和汤姆说："你们两个听着，奶奶和爷爷这样对你们，是因为你们每周也就来一次。这对我来说太费劲了，我们在家不会这样的。"对此孩子们是可以很好地做出区分的。

埃米尔的零用钱总是不够花，他经常在周三或周四的时候就把零用钱花个精光，爷爷经常会塞给他一二十元。尽管父母不允许埃米尔买游戏机，但是奶奶在圣诞节的时候送了个游戏机给他。

由于零用钱和游戏机是长期存在于日常生活中的东西，是无法避开的话题。我建议可以做适当妥协，将游戏机留在奶奶家。奶奶估计也不想这样，所以对奶奶也要明确讲清楚。爷爷另外给的零用钱可以转到埃米尔的账户上，可用于一些特别的愿望。

其他参与男孩日常教养的人（如保姆、年长的兄弟姐妹或照顾男孩的其他人）也需要男孩父母给出明确的指令。当然，父母的观点并不总是绝对正确的，所以他人的观点和诚实的反馈对父母来说非常重要。如果大家可以集思广益的话，这对父母来说，甚至对孩子来说都会受益匪浅。

家务劳动，人人有责

无论是什么样的家庭，家务都是必须要做的工作。每个家庭都要给家庭成员提供各式各样的参与家务的机会。随着年龄的增长和能力的提高，男孩几乎可以胜任所有任务。男孩接受更高要求的任务也是他日益成熟的一种表现。渐渐地，父母在各方面都可以移交一些责任给男孩。这是一个特别的挑战，尤其是对要求高的母亲而言。但是我们必须要这么做，男孩子不应该在日常生活中束手无策，更不应该“衣来伸手、饭来张口”，而且父母也不想长期包揽所有的家务。

定期安排任务（比如每周六和周三打扫卫生间）能防止男孩忘记做家务。还有一些家务活最好大家一起来做，可以变成一种家庭仪式，例如，星期六大家一起打扫房间，打扫完之后聚在一起吃蛋糕、喝果汁或咖啡，然后一起享受美好的周末时光。

随着男孩年龄的增长，父母可以带着他一起将需要做的家务活一一列出来。这个步骤本身就很有意义：家里有多少需要做的家务是清晰可见的；父母需要做的家务会被标记出来；其他的家务无论喜欢与否都是要平均分配的，为此就需要对责任范围进行命名和协商。这时候有点像工作伙伴之间的互动。某些标准可能会引起大家的争议，比如走廊的地板真的必须每周擦一次吗？裤子或毛巾需要熨吗？这时可以从所有参与者的价值观和需求出发，在这个基础上进行协商谈判。

完成这些分配的任务之后，父母可以考虑是否再让男孩承担一些工作（比如每周擦一遍地板），这些工作可以作为一种爱好，男孩自己觉得舒服就好。

男孩能做什么？他们要承担什么样的任务？这里有一个不完

整的建议清单：

购物（参与每周的大采购）；

烹饪（例如，每星期六）；

用桌布装饰桌子，餐后收拾餐具并擦干净桌子；

把餐具放入洗碗机并将餐具从洗碗机里拿出来；

园艺；

把饮料从地下室拿上来，将空瓶子拿到地下室并统一放到回收容器里；

汽车维护（清洁车窗、清洁汽车内部、检查机油等）；

自行车维护和修理；

清洁（包括自己的区域、公共区域，定期大扫除）；

收拾衣物（洗衣、晾衣、收衣服、叠好后放回衣柜里）。

规则和协议

规则和协议必须有

规则是处理需求所必需的，没有规则就没有办法共同生活。但是，规则不能替代关系，也无法掩盖关系中的问题。即使是明确的指令，也要首先和男孩建立关系，然后才能谈到规则问题。

玛格丽特是三个男孩的母亲，她非常不开心，特别是在午餐时。他们有一个家族企业，大家都生活在一个大家庭里，吃饭是流程之一，一切都要“有条不紊地运行着”。婆婆坚持餐桌规则和守时。随着男孩们的成长，他们不再顺从，而是开始抗拒规则。成年人一直都在为这些规则争论不休，但没有进展，因此这一直是个问题。我们曾尝试去寻找背后的原因，但玛格丽特总是很强势，在这种情况下，除了对规则的争论之外，很难看到关系，更别说感受了。现在看来，关于规则的争吵似乎成了关系唯一的一种黏合剂，因此就显得尤为重要。但是规则不是关系，也不能取代关系。

我们邀请玛格丽特的丈夫詹斯来参加咨询。玛格丽特一边描述她的观点，一边开始哭泣，她真的已经忍无可忍了。詹斯很害怕，他一头雾水。他只是很快地吃一下饭，然后吃完就马上躺下休息。随着感受的浮现，他们之间的关系慢慢呈现出来，在不知不觉中他们被埋葬的爱情成为一个发展的议题。

玛格丽特要想赢得詹斯，她应该为关系多做些什么？她先是在星期六下午组织了一个家庭会议，一边喝咖啡、吃蛋糕，一边谈论大家庭里家庭成员彼此的喜好，还有怎样才能降低进餐的紧张度。

男孩们喜欢利用规则来处理他们的关系，他们在摩擦中找到自我以及自己的位置。因此，协议和规则也必然能够引发冲突。同时，协议和规则是方向，它们是一种框架，我们在这种框架下去感受尽可能多的自由。

至于哪些规则是适用的，这取决于个人和群体各自的需要，并与我们所生活的文化背景相关。家庭成员如何对待彼此也是非常重要的。

人类合作的能力和对合作的渴望是与生俱来的。有研究证明，睾酮可以刺激男性公平合作和协调的意愿。协调配合、通力合作、照顾他人感受是人类的基本品质。但是，它们必须要得到实践和发展。而且这些品质也有可能被其他的渴望（比如男性形象、自大的英雄主义甚至对个人成绩的执着追求）所掩盖，从而被遗忘。

作为人类，我们被要求符合社会标准。和他人建立关系并得到支持会让你感到快乐和满足。鲁莽的、自私的行为和适者生存的心态可能带来经济上的成功和地位，但同时也会让你感到不快乐和被孤立。

在男性气质的概念和形象中，对于和自我相关的行为或个人英雄主义的宣扬通常大大超过了合作。许多男孩太过强调自我，对他人的共情能力和群体合作能力发展比较弱，他们很难去尊重别人，而且如果他们无法成为团体的中心就会难以接受。

当男孩降临到这个世界上的时候，和女孩一样，他们本身并没有什么问题，但是社会化倾向与促进其个人发展的个人利益是背道而驰的。另外，男性化形象（传统的）使竞争成为一种赢得胜利的使命或愿望，权力和扩张的幻想也渐渐地泛化开来。物欲有时会掩盖了男孩真正的需求。男孩必须要学会处理这些各式各样的欲望和冲动。尽管父母不能从根本上改变男性化形象，但是他们能够去做一些纠正和平衡。他们有责任使男孩成为一个具有集体意识、拥有社会化能力的男性。

从婴儿期开始，男孩在与他人的关系中就发展出了团结、和平共处的能力。这对每个个体和团体来说都是非常重要的，这样社会才得以正常运转。协议和规则的明确和信度是重要的元素。然而，最重要的还是规则的目标指向：主导动机是否与价值观和需求有关。

这种情况通常在青春期会恶化，甚至于以前完全没有合作问题的男孩和很省心的男孩也会变得敏感和易怒，似乎只对吵架和冲突情有独钟："人们都没办法和他们好好说话。"这其实无可厚非，在这个时期，青少年正在寻找自己的身份认同，并且不停地问自己"我到底是谁？"，想要合作的欲望明显减少，这对个人发展而言未尝不是一件好事。在这种情况下，对话、谈判和冲突取代了曾经自然而然的合作。

保持关系账户的收支平衡

关系账户是家庭成员为彼此付出的形象比喻，对于这个账户，各方都可以存款。

父母往往只看到他们自己的付出，而不去理会孩子往关系账户中存了多少。首先，男孩的一切或者他们为父母所做的都是关系账户的存款。这指的并不是生日蛋糕或是母亲节的鲜花，而是一些硬通货，主要以执行压力、处理时间进行衡量，比如整理房间、挂衣服、把饮料从地下室拿上来，这些都是小额存款。对许多男孩来说，因为父母上班，所以他每天要早起，这是一个很大的工程，因此也是一笔存款。每天都是如此，为了赶公车，可谓是争分夺秒，从起床到离开家的时间不超过 35 分钟。坚持上学是许多男孩的日常存款，至少当男孩没有什么兴趣上学的时候，以及在为了父母才去上高中的时候。当然，这里有义务教育，也许这是对男孩来说最好的选择，但是尽管如此，这也是一种付出，是孩子每天的日常储蓄！任何在压力下对父母喋喋不休的容忍等都是孩子往账户中所存的大额存款。

其次，父母在不知不觉中从关系账户中拿出来很多。提款代表了父母对男孩的要求，或为满足自己的需要而给男孩带来的压力，比如当男孩需要时间时，父母闪过的一个不厌烦的眼神，或者是一句催促。不去珍惜男孩的付出，不停地提取着账户余额，持续不断地抱怨唠叨，或是对儿子有着过高的期望，都会影响关系账户的收支平衡。

塞缪尔在学校成绩不好，后来他就去补课，他真的开始努力了。功夫不负有心人，他的数学等级从4到了3。可妈妈对这种进步一点也不满意，她失望地说："什么，怎么只有3？我觉得你应该已经到2了。"

当然，所有的父母都付出了很多：身体亲密，爱抚，倾听，朗读，每一个发自内心的拥抱，帮助男孩辅导家庭作业和疑难问题，在男孩灰心失望的时候给予他鼓励和安慰。但说实话，父母的收益会比储蓄多，每一次深情的拥抱都带来多巴胺的分泌，它让我们在关系中感受到快乐；在和孩子的接触中，父母会收获那种好妈妈和好爸爸的感受；还有很多男孩按照父母觉得正确的或有意义的方向去努力，这就是为什么说小孩子通常要比父母付出得多的原因。

我们简单来计算一下：如果孩子早起，那孩子起床就存了10个硬币；早餐时父母温和、感激的目光就是父母存的1 ~ 2个硬币。那么相差的8 ~ 9个硬币就是孩子存在账户里的余额了。关于账户的比喻不是让父母斤斤计较，事实上这是对关系中的付出做出的可视化评价，但是首先要珍惜男孩在日常生活中的贡献和付出。必要的时候，父母需要做一些调控来维系收支平衡，否则会出现严重的关系问题。

男孩的恼人行为可能是一个警告信号，往往提示关系账户不够平衡。这时，父母本能地会去寻找孩子的错误，试图去解决问题或息事宁人；这就意味着，当男孩参与到这个进程的时候，他就已经又往这个入不敷出的账户里存了一笔钱。一些家长会慢慢意识到这种收支不平衡，并因此出现内疚和负罪感。

罗伯特在学校有一个很重要的演讲。他的母亲朱塔几周来一直在不断地提醒他这件事，但他还是无动于衷。突然间，就在演讲那天前，罗伯特的压力陡增，他开始变得很紧张，然后他就朝母亲发泄了，他指责母亲只会唠叨，根本没有真的去帮助他。

在关系账户中，当男孩们付出比较多或是做得比较好的时候，他们在某种程度上就占了上风（男孩觉得我做得这么好，你就应该给我什么）。特别是当男孩长大后，他们发展出一种对权力的良好的洞察力，并试图从中找到平衡。有时候，他们高估自己的体验，然后会觉得他们已经倾其所有了，而父母却一毛不拔。相反，充满内疚感的父母会试着用物质或金钱进行补偿以达到平衡（通常他们没有足够的时间）。然而，这个账户不是物质和金钱上的收支平衡，而只是关系和爱的收支平衡。

男孩随后也会无意识地向父母支付“费用”。一些父母会觉得他们在青春期的时候收到了一张长期收支不平衡的关系账户的收据。事实上，青少年可以以不同于小男孩的方式去“偿付”，因为他们不再那么强烈地去依赖父母的善意。这不应是一种威胁，但它暗示了可能的长期后果。现在时代在变，那些有着各种障碍、问题以及一麻袋冲突的男孩试着去逼迫自己的父母去“储蓄”以达到收支平衡。这当然不是必然的，而且也不总是如此。但是，在男孩去挑战这段亲密而明确的关系的时候，充满内疚感的父母可以赎回一些以前欠下的“债务”。

制定规则要平衡各方需求

规则的意义主要是防止冲突和问题。规则既为家庭服务，又为社区以及每一个成员服务，因此在各方之间取得平衡是非常重要的。每个规则背后最根本的问题是：你想要什么？我想要什么？我们如何平衡这一点？因此，男孩需要学习以下技能：对需求的觉察和命名；满足自身需要；尊重他人的需要，为了他人的利益而搁置自己的一部分利益。

我想要什么，不想要什么？这可能听起来比较直接，但是和男孩相处的时候，我们可以使用这样的方式。对于我们想要的我们经常会掩饰，然后会这么说：“我很想要这个，但是我不会这么做。”“也许你想要把水槽清洗一下！”作为成年人，我们通常可以理解这些表述，并去破译它们背后隐含的意思。尤其是青春期的男孩更吃这一套，如果你讲得更明确更直截了当的话。男孩为了不去那么做，他们通常会钻空子，听话只听他们想听到的部分。有时候，简单地倾听男孩说的话就可以起到很好的作用。父母要允许孩子明确地表达他们的需要。

协议和规则只有在有关双方明确拟订和理解后才能发挥作用。规则描述的是必须要做的内容："请说话前把东西吃完""每天最多只能上一个半小时的网"。以积极方式制定的规则会更有帮助。"平时 10 点，周五和周六晚上最晚 11 点要回到家""马科斯每周六要用吸尘器打扫客厅的地板""约瑟夫晚上要把地板上的东西都收拾好"（而不是"约瑟夫，别把自己的房间弄得那么脏"）。在其他的情况下，也要清楚地用第一人称说清楚："广播之后我就关了电视了。"（而不是"我想在广播之后关了电视。"）

除了您自己的需求外，规则还反映了价值观。每个男孩及其家庭的需求和信仰太不同了，因此，制定通用规则是毫无意义的。从另一方面来说，除了个人需要和价值观之外，每一个个体化的需求和价值观都应该设置明确的边界——协议和规则不得违反法律。

一位母亲问我，如果她的儿子看电视超出被允许的时间，应该怎么办(但到目前为止这只发生了一次）。我问她当时怎么做的。她回答说："我直接过去关掉了电视。""很棒"我说。她问道："为什么？我做的没问题？""是的，这就够了。他意识到了，他意识到你注意到了。"

规则要保持弹性

协议通常是临时的，是视情况而定的（有时也有长期的）。例如，在某些特殊的日子，男孩应该早回家（不是平常）；或下次考试他必须要达到平均成绩（而不是每一场考试）。规则也有一些是长期的协议，比如男孩应该随手把脏袜子放在脏衣筐里，通常（如果没有其他协议的话）他最晚六点半就要回到家，吃饭的时候电视和手机要关掉等。

作为引领者，成年人的主要任务是制定规则并帮助男孩遵守规则。怎么做？简而言之就是：重复！重复！重复！男孩从重复中学习，并将规则根植于记忆中。教会男孩遵守规则并不容易，部分原因是规则和协议往往不太令人愉悦，大脑对学习这些没什么兴趣。如果规则是“你每周六都可以随心所欲地吃冰激凌”，貌似就没什么必要去重复了。

男孩在不经意或无意识中就学会了许多规则，比如通过关注大家如何一起生活或模仿其他人的行为。大多数规则的习得都是无意识的，它们只是文化的一部分。通常，规则只有在有人违反的时候才会脱颖而出。

良好的规则是必要的，规则本身不是目的，也不是为了刁难谁。它们再次反映了父母和儿子的信仰和价值观（为了共同生活在一起，我们需要它）。但是，这并不是说要尽可能多地引入更多规则或不断地制定新规则。对于一些不得不生活在各种条条框框之下的家庭而言，或者需要适当地减少或是去除一些规则。男孩不仅需要理解规则，还需要学会如何处理自由。

在我们的一次研究采访中，一位经验丰富的年轻母亲说：“制定规则当然很重要，但是对我来说，这是一件很棘手的事情。”有很多父母其实自己都不知道有多少规则，以至于他们自己都搞不太清楚他们设置了哪些规则。因此就会搞一些什么积分、笑脸以及一袋薯片，好在游泳的时候作为奖励——而真正的规则却成了附件！规则必须明确，同时也必须要实施。

协议和规则必须考虑到形式、价值和需求，父母要尽量去权衡。不同年龄也有所不同：对于小一些的男孩来说，更多的责任在于父母，父母要充分考虑男孩的需要，因为男孩还不能有意识地觉察或表达它们，随着男孩越长越大，规则就更需要被协商谈判。家长们必须保持双重警惕：一方面，他们要小心，不要放弃引领，因为这样做会使男孩迷失方向；另一方面，他们必须小心，不要弄巧成拙。去关注规则实施的进展，必要的时候适当地将决定权交给男孩（不要像对小孩子一样去对待长大了的男孩，否则会埋下冲突的种子）。

随着男孩进入青春期，父母与男孩的关系就会渐渐发生变化。有关回家、聚会、买衣服、花钱等的协议和规则会变得非常重要。明确的父母可以预见到这一点，并主动提出与男孩进行协商。由于需要大量的协商谈判，所以建议父母对所有可能会产生分歧的议题做充分的准备。并尽可能平等地与孩子对话。谈判双方需要在平等、尊重的基础上进行协商。例如，在可预见的争议点上，当男孩开始进入青春期的时候，就需要有一个建议男孩参与的提议：“这是我们的想法，你觉得呢？还是你有其他的想法？”父母把几个基本要点说出来，以便男孩可以就此进行思考，或者有时候和朋友讨论一下，或者就他获得的自由进行一些比较；然后再安排一次会谈，或者可以邀请男孩在一个良好的氛围（干脆找一家男孩最喜欢的餐馆）中进行谈话，一起去确定协议和规则；此外，还需要事先商定好新协议生效前，旧协议适用的时间。通过这种方式，父母可以坚守他们的引领、公正行事，并且不会让男孩觉得越大越没有自由。

在这里，父母的明确也会促进男孩的发展：他看到并体验到信任是如何建立的，以及权力是如何以一种恰当的方式被使用的。他会在相处中感受到自己被认真对待，自己的责任感也会加强。

毫无疑问，有规则是好的，也是重要的。但是，同时限制也无处不在。规则很快就会出现局限，所以需要谨慎：规则不应该被监督和惩罚所左右，也不应该加以道德评判；规则既不是十诫，也不是铁律，它们应该而且必须时不时地被核查。如果父母注意到当初设立规则的需要已经不复存在，那么就是时候废除这一规则了。

最后，必须注意以下事实：男孩不希望仅仅因为规则和后果受到限制，更重要的是通过激励、支持、共情、参与、确认和鼓励来建立边界。

“乔纳森，我们都已经说好了，你把书包放到你房间，现在你又把它乱扔在地板上，这让我很生气！我希望在家能安安稳稳地走个路而不用被绊倒，现在赶快把它拿回你房间。”无论男孩是因为将房间标记为自己领土的一部分，还是因为纯粹的便利和懒得清理，而在公共空间随意放置个人物品，他们需要的都是简单和可理解的规则和协议——谁弄乱了谁负责。

在规则真正被遵守之前，重复和时不时地补充是必要的。有时幽默，有时使用略带严肃的语气（最好声音强度适中），但是要一如既往的明确并易于理解。父母也可以问问自己或向男孩询问，协议或规则是不是还适用，并安排一个小的讨论。但是要注意底线。

后果有助于规则的学习：当汗湿的运动服被丢在餐厅或臭袜子被扔在沙发上的时候，男孩应该去将它们整理好，而且最好是立即马上。父母在明确宣布指令以后，默默地站在他旁边，直到他开始有所行动为止。

留出无规则自由区

尽管规则必不可少，但是也需要保留尽可能多的自由。比如，在无管制的时间内可以随心所欲地做自己想做的事情，高兴几点回来就几点回来；在不受管制的空间里可以随意躺在自己房间的地板上、床上或其他什么地方；保留开放式选择的可能，将黄油、奶酪、果酱一股脑都涂到面包上；可以无所事事地坐在电视机前或玩游戏打发时间；穿破洞牛仔裤；头发或长或短等。这些自由的感觉就好像父母出手阔绰一样，让男孩觉得轻松舒适。

自由的增加是男孩成长的一种表达，也是一种奖励。他们的能力日益增强，可以肩负的责任越来越大，因此他们可以而且必须做更多，这同时也拓展了他们的自由。自由与责任并存，随着男孩自由的增加，他们也逐渐被赋予以前由父母或他人代他承担的责任。因此，男孩必须发展出独立和自我责任感。在这里找到平衡不是一件容易的事：自由太少，他会觉得被压制和被限制，自由太多又会使他不堪重负。

多大的自由才恰到好处，这不仅仅对男孩来说因人而异，对父母来说也是如此，处于焦虑和害怕中的父母会担心孩子放松和安全的需要得不到满足。

如果规则和协议被男孩很好地遵守了，那么最好去告诉他，比如："很高兴你能按时回来，我很开心！"这就是规则的目的。分享感受也是父母的责任，不仅在有问题的情况下，而且在一些做得好的方面也是适用的。父母那种认为一切理所当然、不值得一提的态度会无视男孩的努力，很容易使他对遵守规则失去兴趣。

与孩子协商规则的适用性也是彼此信任的一部分。为了达成目的，威胁是多余的："你八点必须回家，否则你明天就别想再出去了。"这是对信任的背叛，以这种方式处事的人已经违反了规则并破坏了规则。

不遵守规则怎么办

对于男孩来说，遵守协议和规则的同时还会伴随着一个问题：如果不遵守会怎样呢？年龄越大的男孩，越有兴趣去探索逾越规则的后果。不只有男孩会这么做，女孩也亦如此。但是，女孩更关心违反规则与关系之间的相关性：如果我不遵守协议，我们的关系会不会发生变化？男孩往往更注重地位：如果我不遵守规则，我的身份地位会提高吗？

15 岁的卢卡斯和他的朋友（也是 15 岁）一起行窃。母亲去把他们从警察局接出来，并把卢卡斯带回了家。卢卡斯单独和父亲待在一起，他在哭。父亲一把将他搂在怀里说："告诉我，发生了什么？"卢卡斯讲完事情的经过之后，还说自己必须要支付商店 100 元作为"赔偿金"。然后他们做了协商，父母帮他出了这个钱。卢卡斯每个月的零花钱会被扣掉 10 元。后来又发生了一次，按当初协商的解决了，再后来这种事情就没有再发生了。

显然，不遵守协议或以任何方式违反规则理应会产生后果。然而，当被问到可能发生什么或是会有什么后果的时候就变得困难了。因此，在具体冲突中具体去思考这个问题是有意义的。承担后果的目的是让男孩学会遵守协议和规则，它不是权力游戏下"谁占上风"的问题。所有能指引男孩朝目标行进的都是好的后果，父母或其他人对于违反规则的任何反应都可以称之为后果！因此，那些诸如惩罚甚至野蛮粗暴的"严重后果"其实是无稽之谈。当孩子出现一个很小的"过失"时，父母没必要使用更大的"后果"来超越原有的后果，这是不必要的升级。

莫里茨头一天晚上喝多了，回家很晚，还忍不住吐了（幸好他吐到了厕所里），然后上床睡觉了。第二天，他起床出来吃午餐。他的父亲看着他有点感同身受。他回忆起自己年轻时候类似的经历，只是问了他一句："严重吗？""还好。"莫里茨回答道。无须多言，到目前为止，莫里茨再也没有发生过这样的事情。

去同情一个犯错误的人，是不是有点荒谬啊？不。这个男孩基本上已经意识到自己的违规行为。他自己也觉得不舒服，也许是羞愧、不安或紧张。共情作为第一后果，对男孩来说会是一个很好的桥梁，尤其是当自己已经明显感觉到自己做得不对的时候。

皱眉或者挑一下眉毛、说话时加上他的名字、一句轻声细语等都是对男孩的一种暗示："你越界了，你的行为带来了后果。""我注意到了，我不同意这一点！"通常，这类信号就足以让男孩引以为戒了。

因此，在多种情况下"后果"也必须要稍微严厉一些。但是在这里，"后果"首先是有人情味的，而不是硬邦邦的或冷酷无情的。一些不那么严重的后果其实效果就挺好的，而且常常事半功倍。有些会让男孩觉得很不舒服，比如对规则或协议的重复，事实上他都懂，但是这会让他看起来很笨。想想孩子们是如何学习餐桌礼仪的（几乎所有人都学得会），父母经常说："用勺子，别用手！"这时"后果"就起作用了。

教给孩子守规则的要点是：重复、重复、再重复。

被父母约谈对很多男孩来说都不是件愉快的事儿，但谈话是一种有用的后果，应该在规则被破坏的时候无缝衔接或尽可能快地跟进。这种谈话涉及其需要（例如，休息、安全、信任、放松、睡眠），同时也要谈论和处理感受。

对于凌晨 2 点还吵得不行的孩子，可以这样说："一旦别人睡了觉，就要保持安静，请遵守协议，这是我们之前已经说好的。"这样的谈话并不是很受欢迎，因此，有些男孩为了避免这种谈话而选择遵守规则。

另一个明显的后果是赔偿。如果损害是由男孩的行为造成的，他必须提供某种形式的补偿。补偿应该对参与各方都是有意义的：在赔偿之后，损失已经被赔付，内疚感和愤怒的感觉应该会慢慢消失。比如，修复被破坏的花圃并道歉；将乱放在餐桌上的运动服尽快收拾好，并将桌子擦干净。诚实的道歉也是一种补偿的尝试，例如在出言不逊之后。财产上的损失可以用零用钱来赔偿等。

有时候男孩会使事态激化，他们真的想知道反复越界会发生什么，或者他们对权力斗争有着浓厚的兴趣。对父母来说，这绝不是一件容易的事情，父母一方面不想去削弱他们的权力水平，另一方面又要去捍卫他们的价值观和需求。但总的来说，他们的儿子非常清楚，如果信任出现问题的话，其自由会受到限制，例如父母经常直接从朋友那里把他接上，因为父亲不相信他会自觉地按时回家。如果所有这些都徒劳无功的话，怎么办呢？注意千万不要让矛盾升级，这样会两败俱伤的。但是应该怎样去结束这样的游戏呢？那些害怕自家问题被别人知道的家庭，很容易遭受情感勒索。领导力强的父母在这种情况下会比较开放，会向其他人讲述家里的冲突并寻求帮助，并在事态升级或难以应对的时候，去寻求专业的帮助（教养咨询）。

对于男孩来说，可能的后果应该是可预测且明确的：为了不让他们长时间无节制地待在电脑前，在关掉电闸或切断保险丝之前，父母必须要明确相关的协议和规则，之后才是承担后果。有时这类比较激烈的干预方法也是十分必要的，但是家长也要做好思想准备，男孩也会相应地出现比较激烈的反应。

但是父母也是可以对男孩表现出宽容的，如果情况不是那么严重，其实也可以适当地忽略男孩不那么合时宜的行为，明确的指令也不必要事无巨细。有时候生活本身就会有其后果，不需要父母再火上浇油，比如巡逻的警察会去抓捕 18 岁以下的吸烟者并和他们谈话。

惩罚不是必需的

如果规则和协议得不到遵守，那就轮到权力来发挥作用了。父母应该注意自己拥有比想象中还要多的权力，但是绝不能让权力成为决定性因素。良好的领导力与独裁行为的区别在于对待权力的态度。父母怎样才能在不动用权力、不去征服的情况下，依然在冲突情境中保持明确、稳定和引领？这是关系里一个非常关键的问题。那么，除了“后果”之外，或者还要再给他一点能让他长记性的教训？不，惩罚不是必需的！

引领型的关系不是靠惩罚得来的。惩罚甚至会损害关系或是导致关系的破裂，男孩会体验到被羞辱的感觉。同时，惩罚无视了孩子对自由、整合以及被关注的需求，唤醒了愤怒和恐惧等负面情绪。男孩的确应该遵守规则或是学习遵守协议，但惩罚只会带来恐惧。对于学习遵守协议而言，恐惧肯定是没什么用的，更有用的是对这种错误行为的确认以及让男孩承担相应的后果。

应急沟通六步法

对男孩说脏话、侮辱他人及其他违反规定的行为，父母也需要与男孩进行明确的沟通。当男孩被激怒并因此恶狠狠地咒骂、羞辱他人或在激动的状态下大吼大叫时，我们需要对他的行为以及触发行为的原因进行评估。以下六个步骤可以作为参考。

第1步　说清楚问题所在，明确表达想法："嘿，雅各布！我不能再容忍你的脏话了。""我不想再被你骂了，雅各布！"

第2步　表达自己的感受。感受是关系的载体，在发生冲突时感知和表达自己的感受："我不是白痴，雅各布，我受伤了。""如果你再那样对我大喊大叫，我会生气的！""暂停，雅各布，如果你再骂我的话，我会很生气的。"

第3步　引导孩子寻找替代性的行为或反应（切记：不要问为什么，这只会让孩子试图为自己的行为辩护）。在前面两个步骤的干预之后，氛围稍微缓和一些，就需要找到这种不良行为的替代物了。

比如："你生气了，你也可以生气。怎样才能在不说脏话的情况下表达你的感受呢，雅各布？""你现在很生气，除了大喊大叫，你还能说些什么或做些什么呢？"

第4步　如果边界侵犯发生在家庭范围内或涉及其他人，则将其纳入团体或征求大家意见可能会有所帮助。"为什么这种说话方式对我们家庭来说是有问题的？你怎么看呢？""你们能说一下这种行为是怎么产生的吗？"

第5步　补偿。补偿的代价应该是适合的，即不要人为地漫天要价，从男孩的角度看，补偿应是可行的。"现在的问题就在于事情怎样才能重新回到正轨。你怎么看呢？雅各布，你能做些什么呢？”

第6步　一旦事情被弥补，那就算搞定了。为了巩固这个结果，并“重新开始”，最后的仪式会大有裨益。不需要大张旗鼓，很多都是自然而然的，握握手，拍拍肩膀，碰一下拳头，四目相对时说：“多好！”“谢谢你，现在和你在一起我又觉得很好了。”

仪式是一种特殊的规则

在反复发生的日常情境中，既定的仪式可以解决规则问题，这样就不必对所有事情进行反复协商，比如当阅读、拥抱和亲吻“作为晚间仪式”运作时，就意味着要睡觉了。通过仪式，男孩们以自己的方式学习规则。

仪式有时是乏味的，甚至是令人讨厌的，有时又会令人尴尬，特别是当其他外人在场的时候，如餐桌上的祈祷。但这也没关系，仪式会缔造身份，当然有时也需要付出代价。仪式不是强迫性规则，而是清晰可识别的常规建构。如果家人每天都规律地一起吃饭，那么午餐是从中午12点半开始还是在中午12点37分开始其实并不重要。

仪式应该是有用的，而不是折磨人的。同时，仪式也会滋生冲突。随着年龄的增长，仪式给了男孩与之抗争的可能。这为他们发展领导力以及和父母分离提供了绝佳的机会。拒绝仪式或示威性地对抗仪式是男孩日益增长的自我意识的重要表达，有时这会打破家庭生活的和谐，但就其核心来看还是一件好事。

一位母亲告诉我："有一段时间我就在想啊，我儿子午休时到底都在吃什么。我问他时，他诚实地回答了我。现在我宁愿不知道。"男孩们当然知道快餐和甜饮料是不健康的，但他们还是依旧我行我素。怎么办？

首先，家庭的饮食文化是最重要的部分，父母有责任去培养孩子的饮食习惯。如果孩子除了柠檬水、肉和甜食之外什么都不想吃的话，父母应该怎么做呢？说实话，男孩年龄越大，这种情况就越严重。来自统计数据或营养学家的健康食物建议，对小男孩来说根本不会产生什么影响，甚至对年龄较大的男孩也很少有说服力。相比而言，同龄人的文化以及食品、饮料的商业广告更有影响力。

再者，明确的指令在家庭范围内是有帮助的，比如在日常生活中是要喝矿泉水的，但在生日聚会上很可能有薯条和甜甜的柠檬水。

吃饭时不断咆哮或批评性评论会适得其反，餐桌上的话题会越来越局限，除了食物就是饮料，因此餐桌上的谈话很容易演变为唠叨和权力斗争。尽管父母看到抹着奶酪和巧克力酱的面包时会想到健康问题，但是男孩会形成自己对食物的喜好。有了良好的家庭基础，儿童或青少年的饮食行为也有希望再次发生变化。

后记

为人父母是要承担责任的，要想扮演好这个角色需要大量的知识和精力。父母一方面要与男孩处好关系，同时要肩负教育他的责任，有时会有一种不胜负荷的感觉，特别是在男孩青春期的时候，这种感觉会很明显，而且可能还会持续好几年，这对父母来说并不是一件容易的事。

因此，我最后还要再强调一下：父母的引领最好是在轻松和平静中进行。父母首先要找到安全感，与自己在家庭中的角色保持一定距离，同时多一些自嘲和幽默，可以减轻压力，防止崩溃。实际上，我们和孩子共处的时间很短，这应该是一段美好的时光。除此之外，积极的童年经历对于他们以后为人父来说也是很重要的。

如果你对自己有过多的要求，请放松，让自己回归平静。尽你所能地履行你的引领角色，尽力便好，而不是不断幻想更好的，也不是不停地进行自我批评，接受你自己，如其所是。这样，你就可以进一步地去发展你的领导力，更好地排除各种障碍，更好地帮助你的儿子。

“明确和亲密”不仅适用于与男孩的关系，也适用于父母自身的关系。与伴侣保持亲密的关系，在关系中明确你的需要以使自己感觉良好。试着去感受你自己的感受，然后你就会更容易感受和理解别人的感受了。

下面这段话是永远适用的：如果家庭中缺少乐趣，那就要努力去调整它。如果欢乐总是唾手可得，即便是在男孩青春期也是如此，那就意味着你已经步入正轨。

致谢

首先，我要发自内心地感谢那些愿意与我一起工作的男孩，我们一起讨论、欢笑、争吵或是忍受。

我也特别感谢那些向我讲述他们与男孩的故事和经验的父母们，他们向我寻求建议，并以此为契机做出改变。

我还要借此机会感谢社会教育专家、教育工作者，他们为男孩付出了大量的智慧和精力，并努力提高自己的引领能力。

还有许多人参与了这本书的创作。佩特拉·多恩和西尔维亚·格雷迪格，作为语言专家、专业讲师以及男孩的母亲，对本书的可理解性和可读性做出了重大贡献，并在内容方面给了我许多重要的提示和启示，非常感谢！我非常感谢克劳迪娅·斯塔尔的无条件支持、一如既往的鼓励，以及她推动重要教育主题进一步发展所付出的努力。我要感谢和伊丽莎白·尤潘奎·沃纳激动人心的相遇，包括在权威议题上的合作。对布里吉特·韦尔茨，我要感谢你让我见到你和儿子们相互联结又彼此独立。男孩的教育不容易，这些父母一次又一次地激励着我。

感谢我的儿子贾斯珀的陪伴，以及他直接的、实用的、幽默的提醒——对于一对非常普通的父子，充满爱的亲密和明确是怎样的。感谢我的女儿维拉，她给我们的父女关系带来绚丽的色彩。我还要感谢我最亲爱的赫玛，带领我度过人生的高潮、低谷和平川，就如教育一样，她的引领时而有力、时而温柔。

最后，我也感谢我的父亲海因茨·温特，他带我上路，给了我引领和极大的自由，让我得以找到我自己。